Alexandra Leciejewicz

Sympathie aus dem Computer

Warum wir animierte CG-Charaktere mögen

Bibliografische Information der Deutschen Nationalbibliothek:

Die Deutsche Nationalbibliothek verzeichnet diese Publikation in der Deutschen Nationalbibliografie; detaillierte bibliografische Daten sind im Internet über http://dnb.d-nb.de abrufbar.

Impressum:

Copyright © ScienceFactory 2018

Ein Imprint der Open Publishing GmbH, München

Druck und Bindung: Books on Demand GmbH, Norderstedt, Germany

Covergestaltung: Open Publishing | Freepik.com | Flaticon.com | ei8htz

Inhaltsverzeichnis

Zusammenfassung 5

Abstract 6

Abkürzungsverzeichnis 7

Abbildungsverzeichnis 8

Tabellenverzeichnis 10

1 Einleitung **11**
    1.1 Lesetechnische Hinweise 13

2 Allgemeine Begriffsdefinition **14**
    2.1 Begriffsdefinition Wahrnehmung 14
    2.2 Begriffsdefinition Attraktivität und Schönheit 15
    2.3 Begriffsdefinition Charakter 16

3 Visuelle Wahrnehmung des Menschen **18**
    3.1 Grundprinzip des visuellen Wahrnehmungsprozesses 18
    3.2 Begrenzung von Wahrnehmung 22
    3.3 Wahrnehmung von Objekten 23
    3.4 Wahrnehmung von Gesichtern 28

4 Das Gesicht in der Forschung **33**
    4.1 Attraktivität und Schönheit 35
    4.2 Nonverbale Kommunikation 66

5 Das Gesicht in der Computer-Grafik **83**
    5.1 Uncanny Valley - 不気味の谷 83
    5.2 Design 86
    5.3 Analyse Rapunzel: Tangled 92
    5.4 Unterschiede bei männlichen und weiblichen CG-Charakteren 100

6 Conclusio 103

Literaturverzeichnis 109

Zusammenfassung

Seit mehr als zwanzig Jahren begleiten 3D-Animationsfilme schon die Gesellschaft. Im Mittelpunkt dieser Produktionen stehen die CG-Charaktere mit ihrem einzigartigen 3D-Comicstil. Diese CG-Charaktere sollen den Betrachter/ die Betrachterin in kürzester Zeit von sich überzeugen. Für diese Überzeugungsarbeit ist es für den 3D-Artist/ die 3D-Artistin von essenzieller Notwendigkeit eine gute Darstellung des CG-Charakters zu liefern. Ohne einen guten CG-Charakter würden es 3D-Animationsfilme sehr schwer haben bei dem Betrachter/ bei der Betrachterin gut anzukommen. Eine Schlüsselrolle nimmt dabei die Darstellung des Gesichts ein. Hier laufen alle Sender-, wie Empfängerorgane zusammen. Mit Hilfe des Gesichts kann ein CG-Charakter einen wichtigen spontanen positiven ersten Eindruck bei dem Betrachter/ der Betrachterin hinterlassen und seine/ ihre Sympathien zu gewinnen. Ein gutes Charakterdesign nutzt dabei nicht nur die normalen Designtechniken. Die psychologischen Prinzipien der menschlichen Gesellschaft lassen sich ebenso auf einen CG-Charakter übertragen und anwenden. Bestimmte Merkmale im Gesicht lösen bestimmte Verhaltensweisen bei dem Betrachter/ der Betrachterin aus, sodass diese ihn mögen. Von daher ist es eine wichtige Tatsache, dass ein 3D-Artist/ eine 3D-Artistin sich auch mit der Materie Psychologie und der Attraktivität beschäftigt und sich auskennt. Das daraus gewonnene Wissen bildet eine wichtige Grundlage für das Erschaffen von CG-Charakteren, die den Betrachter/ die Betrachterin beim ersten Blick in ihren Bann ziehen. Ebenso ist es wichtig, die Grundkenntnisse der Wahrnehmung zu kennen. Diese psychologischen Mechanismen zu finden und festzustellen, wie diese auf das Gesicht eines CG-Charakters wirken, ist Teil dieser Arbeit.

Abstract

For more than twenty years, 3D animation films have been accompanying society. At the heart of these productions are the CG characters with their unique 3D comic style. These CG characters should convince the viewer in no time. For this persuasive work, it is essential for the 3D artist / 3D artist to provide a good representation of the CG character. Without a good CG character, 3D animated films would have a hard time arriving at the viewer. A key role in this is the representation of the face. Here all sender and receiver organs converge. With the help of the face, a CG character can leave an important spontaneous positive first impression on the viewer and win his / her sympathies. A good character design not only uses the normal design techniques. The psychological principles of human society can also be transferred and applied to a CG character. Certain features on the face trigger certain behaviors on the viewer so that they like him. Therefore, it is an important fact that a 3D artist / 3D artist also deals with the subject of psychology and attractiveness and is familiar. The resulting knowledge forms an important basis for the creation of CG characters, which cast a spell over the viewer at first sight. It is also important to know the basic knowledge of perception. Finding these psychological mechanisms and determining how they affect the face of a CG character is part of this work.

Abkürzungsverzeichnis

Abbildung	Abb.
Auflage	Aufl.
Band	Bnd.
beziehungsweise	bzw.
das heißt	d. h.
erweiterte Auflage	erw. Aufl.
et cetera	etc.
Herausgeber	Hrsg.
siehe	s.
Tabelle	Tab.
und andere	u. a.
und folgende Seite	f.
und folgende Seite	ff.
und folgende, folgende Seite	fff.
ohne Jahresangabe	o. J.
und so weiter	usw.
vergleiche	vgl.
von links	v. l.
zitiert nach	zit. n.
zum Beispiel	z. B.
siehe oben	s. o.

Abbildungsverzeichnis

Abbildung 1: der Wahrnehmungsprozess 18

Abbildung 2: Bottom-Up- und Top-Down-Verarbeitung 21

Abbildung 3: sichtbares Lichtspektrum 22

Abbildung 4: Gruppierung und Segmentierung Skyline Frankfurt am Main 25

Abbildung 5: Kippfigur rubinsche Vase 27

Abbildung 6: Gesichter überall 31

Abbildung 7: zwei Originalbilder zu einem Durchschnittsgesicht, weibliches Beispiel... 41

Abbildung 8: Durchschnittsbild CG-Charakter, Beispiel weiblich 42

Abbildung 9: Durchschnittsbild CG-Charakte, Beispiel männlich 43

Abbildung 10: Durchschnittsgesichter weibliche CG-Charaktere 46

Abbildung 11: Durchschnittsgesichter aus 64 (l.) und 32 (r.) Einzelgesichtern 49

Abbildung 12: Gru und Agnes Despicable Me 49

Abbildung 13: Elsa Frozen (Disney, 2013), original und editiert 53

Abbildung 14: Augenachse normal und mit 5 Grad 55

Abbildung 15: Augen und Brauen 56

Abbildung 16: Anton Ego Ratatouille 61

Abbildung 17: Charakter John When John Goes Outside Symmetrie 63

Abbildung 18: Übertreibung Durchschnittsgesichter, weibliches Beispiel 65

Abbildung 19: Modell der nonverbalen Kommunikation 67

Abbildung 20: Basisemotionen 72

Abbildung 21: Mischemotionen 73

Abbildung 22: Intensität Emotionen 74

Abbildung 23: mimische Muskulatur mit Action Units Nummern 75

Abbildung 24: FACS - Bewegungsrichtungen der Action Units 76

Abbildung 25: echt erlebte Freude 77

Abbildung 26: zwei Dimensionen von interpersonale Einstellung gegenüber anderen .. 79

Abbildung 27: Blick Anna Frozen 82

Abbildung 28: Baby und Spielzeug Tin Toy 85

Abbildung 29: Uncanny Valley 86

Abbildungsverzeichnis

Abbildung 30: stilisierter vs. realistischer CG-Charakter (links The Incredibles, rechts Mars Needs Moms..87

Abbildung 31: karikierte Gesichter..89

Abbildung 32: Grundformen Kreis, Rechteck und Dreieck..90

Abbildung 33: Rapunzel Tangled...92

Abbildung 34: weibliche CG-Charakter Collage..100

Abbildung 35: männliche CG-Charakter Collage...102

Abbildung 36: John When John Goes Outside...108

Tabellenverzeichnis

Tabelle 1: Attraktivitätsmerkmale 46

Tabelle 2: Attraktivitätsmerkmale CG-Durchschnittsgesichter 47

Tabelle 3: physiognomische Merkmale 60

Tabelle 4: Action Units Basisemotionen 78

1 Einleitung

3D-Animationsfilmen erfreuen sich seit dem ersten abendfüllenden 3D-Animationsfilm im Jahre 1995 (Toy Story, Pixar Animation Studios, 1995) sehr großer Beliebtheit in der Gesellschaft. Die jährlichen Neuerscheinungen an 3D-Animationsfilmen und die seit dem Beginn entstandenen Studios, die sich mit diesem Zweig der Filmbranche beschäftigen, bestätigen diese Aussage. Im Mittelpunkt dieser Filme stehen die CG-Charaktere mit ihrem sehr charakteristischen 3D-Comicstil. Ihre Aufgabe ist es uns von sich zu überzeugen und das in kürzester Zeit. Sind sie dazu nicht in der Lage, kann es im schlimmsten Fall dazu kommen, dass wir das Interesse an dem Film verlieren oder wir ihn ablehnen. Es zeigt auf, wie wichtig der erste Eindruck eines CG-Charakters ist. Ein gut gestalteter CG-Charakter nutzt diesen Effekt, um eine Verbindung mit uns herzustellen. Doch welche Mechanismen sind es die unser Gehirn dazu führen, dass wir für solch einen „cartoonisierten[1]" CG-Charakter Sympathien in so kurzer Zeit entwickeln den wir bisher noch nicht kannten geschweige denn gesehen haben und ohne das dieser etwas anderes macht als in unserem Blickfeld zu erscheinen. Inwiefern lässt sich durch unsere menschlichen Verhaltensweisen Rückschlüsse ziehen, die helfen können, den CG-Charakter noch besser zu gestalten? Durch diesen Gedankengang ergibt sie meine Forschungsfrage wie folgt:

> Welche visuellen Faktoren begünstigen eine spontane positive Wahrnehmung des Gesichts eines CG-Charakter und wie können diese helfen das Charakterdesign zu optimieren?

Der Fokus dieser Arbeit richtet sich auf das Gesicht von menschlichen CG-Charakteren im 3D-Comicstil und behandelt in den Beispielen Filmfiguren aus verschiedenen Animationsfilmen. Wie Paul Watzlawick sagte:

> Man kann nicht nicht kommunizieren, denn jede Kommunikation (nicht nur mit Worten) ist Verhalten und genauso wie man sich nicht nicht verhalten kann, kann man nicht nicht kommunizieren. (Watzlawick, 2014)

Das Gesicht sendet also immer. Es kann gar nicht nicht senden. Mit dieser Arbeit soll nicht versucht werden alle Merkmale, also eine komplette Liste dieser, zu finden. Solch eine Ausarbeitung würde den Rahmen dieser Arbeit sprengen. Dazu

---

[1] mit cartoonisiert ist eine karikierte Darstellung der Figur gemeint

wird es unmöglich sein wirklich alle Faktoren die mitbeeinflussen herauszufinden, unter anderem durch die persönliche Meinung, die jeder Mensch hat und auch durch die nahezu unendlichen Möglichkeiten der Beeinflussung, von denen wahrscheinlich noch nicht alle erforscht wurden und dadurch einige Merkmale für dieses Phänomen noch nicht bekannt sind. Es soll also versucht werden Merkmale zu finden auf die eine Mehrheit der Betrachter/ der Betrachterinnen gleich reagiert, bzw. Merkmale, die es sein könnten. Dafür werden Studien betrachtet und Aussagen aus Büchern miteinander verglichen. Die Arbeit selbst wird also in Form einer qualitativen Literaturarbeit verfasst und enthält drei Kapitel und ein separates Kapitel mit den wichtigsten Begriffserklärungen. Im ersten Kapitel wird eine gemeinsame Basis hinsichtlich der Begriffe Wahrnehmung, Charakter, wie den Begriffen Attraktivität und Schönheit geschaffen. Das folgende Kapitel soll als Grundlage dienen, um zu verstehen, wie unsere menschliche Wahrnehmung überhaupt funktioniert. Im ersten Part wird ein Überblick gegeben, wie der Mensch visuelle Reize verarbeitet, sodass veranschaulicht wird, wie es am Ende zu dem Bild kommt, welches der Mensch sieht. Dies dient dazu eine grobe Wissensbasis des Prozesses zu schaffen, von der weiter in die Tiefe gegangen werden kann. Im Weiteren findet sich in diesem Kapitel dann eine Darstellung wie das Gehirn Objekte und speziell Gesichter wahrnimmt. Diese sollen als Schwerpunkte noch tiefer in die Thematik der visuellen Wahrnehmung führen und zugleich die Unterschiede und auch Gleichheiten zeigen, die bei diesen beiden Arten in Bezug auf die Wahrnehmung auftreten. Dieses Kapitel soll also dazu dienen, um das Wissen für die „mechanischen" Hintergründe für das folgende Kapitel zu haben. Im nächsten Kapitel geht es über zu den Forschungen die sich mit dem Gesicht beschäftigen. Es werden Funktionen erläutert, die den Menschen in seiner Wahrnehmung beeinflussen. In Bezug auf das Gesicht wären das die soziale Wahrnehmung, die Attraktivität, die Emotionen (Mimik) im Gesicht wie auch die nonverbale Kommunikation. Hier werden also einzelne Aspekte erläutert, die im Zusammenhang mit dem Zweig der Sozialforschung stehen. Die Abschnitte beginnen mit einer fundierten Beschreibung durch dokumentierte Untersuchungen des jeweiligen sozialen Phänomens und seiner Beschreibung in seinem Forschungszweig. Es soll zeigen, auf welchen Grundbasen und Faktoren die Effekte auf den Menschen Einfluss nehmen in seinen Entscheidungen. Im vorletzten Kapitel soll nun anhand dieser gesammelten Informationen eine Filmfigur analysiert werden, um zu überprüfen, ob diese Informationen auch auf diese Art von „Mensch" zutreffend anzuwenden sind. Ebenso finden sich in diesem Kapitel noch vor der Analyse zusätzliche Information für die diese. Dabei handelt es sich unter anderem um das Phänomen des Uncanny Valley und anderen Dingen über den Stil von CG-Charaktere. Im letzten Teil, der Conclusio, findet eine kritische Reflexion der Ergebnisse statt und Rückbetrachtung der Forschungsfrage.

1.1 Lesetechnische Hinweise

Lesetechnisch ist zu beachten, dass bei der Erwähnung von dem Begriff CG-Charakter immer ein CG-Charakter im Comicstil gemeint ist, wenn nicht explizit etwas anderes dabeisteht. Zudem werden alle genannten Filme und Artikel mit ihrem Originaltitel genannt. Änderungen werden in Fußnoten erwähnt. Filmtitel und andere Titel werden in *kursiv* markiert sein und Informationen bezüglich irgendwelcher Begriffe im Text werden in Fußnoten erläutert.

2 Allgemeine Begriffsdefinition

2.1 Begriffsdefinition Wahrnehmung

Das Wort Wahrnehmung ist eine Wortform des Wortes wahrnehmen. Es kann hier zwischen einem Sinneseindruck (aufnehmen, bemerken, gewahren) und einer Möglichkeit (nutzen, kümmern, einhalten) unterschieden werden. Wahrnehmen selber verweist auf wahren. Nach dem Duden – deutsches Universalwörterbuch, stammt es von dem mittelhochdeutschen war(e)n und althochdeutschen biwarōn ab dessen Bedeutung „einer Sache Aufmerksamkeit schenken, etwas in Obhut nehmen" ist (vgl. Scholze-Stubenrecht u. a., 2015, 1974f). Ebenso findet sich auch eine Wortherkunft im lateinischen Wort vereri was „verehren, scheuen" bedeutet (vgl. Seebold, 2011, 967). Der zweite Part des Wortes wahrnehmen nehmen stammt vom mittelhochdeutschen nehmen und althochdeutschen neman, was so viel bedeutet wie (sich selbst) zuteilen (vgl. Scholze-Stubenrecht, 2015, 1257). Es hat ebenso Verwandtschaften zum gotischen (niman), altenglischen (niman) und altisländischen (nema) (vgl. Wortdeutung.info, o.J.). Das Wort nehmen hat eine Vielzahl an Bedeutungsangaben. Etwas sich selbst zuteilen kann etwas ergreifen, etwas übernehmen, etwas aufnehmen z. B. bedeuten, um ein paar Beispiele zu nennen (vgl. Scholze-Stubenrecht u. a., 2015, 1257). Anhand dieser Informationen ist ersichtlich, dass eine reine etymologische Ansichtsweise des Wortes Wahrnehmung nicht ausreicht, da diese verschiedene Sachen aussagen kann.

Herbert Hagendorf definiert die Wahrnehmung wie folgt:

> Wahrnehmung ist ein Prozess, mit dem wir die Information, die von Sinnessystem bereitgestellt werden, organisieren und interpretieren. (Hagendorf u. a., 2011, 5)

Somit handelt es sich bei der Wahrnehmung um einen Prozess, bei dem das Sinnessystem kontinuierlich Informationen und Bedeutungen aus externen Einflüssen sammelt und diese zu einer verständlichen Konstruktion für den Menschen entwickelt. (vgl. Hagenberg u. a., 2011, 4f). Um eine genauere Definition zu erhalten, die für die Arbeit von Nutzen ist, muss für das Wort Wahrnehmung noch eine Einengung eingeführt werden. Da sich das Thema dieser Arbeit um die visuellen Aspekte dreht, ist eine Eingrenzung mit Hilfe des Wortes visuell sinnvoll. Das Wort visuell kommt vom spätlateinischen Wort visualis, welches wiederum vom lateinischen Wort visus (Gesicht) abgeleitet wurde, was so viel wie „zum Sehen gehörend, den Gesichtssinn betreffend" heißt (vgl. Scholze-Stubenrecht u. a., 2015, 1941). Visuell bezeichnet also Dinge, die mit dem Sehsinn ersichtlich sind.

Somit ist eine Abgrenzung zu den restlichen Sinnen bei der Wahrnehmung gegeben. Bei diesen Informationen lassen sich nun Übereinstimmungen finden hinsichtlich das die Wahrnehmung einem Reiz seine Aufmerksamkeit schenkt, ihn in seine Obhut nimmt und ihn sich zu eigen macht.

2.2 Begriffsdefinition Attraktivität und Schönheit

Der Begriff Attraktivität ist eine Wortform des Wortes attraktiv. Es stammt von dem lateinischen Begriff attrahere ab, was so viel wie (sehr) anziehend aufgrund eines ansprechenden Äußeren, reizvoll, hübsch heißt. Dazu besitzt der Begriff einen Rückverweis auf Attraktion, welches ebenso vom lateinischen Wort attrahere abstammt. Es bedeutet anziehen. Weitere Ausführungen finden sich für französische Sprache mit attraction, was Anziehung(skraft) bedeutet oder im spätlateinischen attractio (das An(sich)ziehen) (vgl. Scholze-Stubenrecht u. a., 2015, 191f). Zusammenführend im Sinn bedeutet es also, dass das äußere Erscheinungsbild einen so starken Reiz ausübt, dass etwas oder jemand von dieser Kraft des Reizes angezogen, angelockt wird. Das ist Attraktivität.

Im Zusammenhang mit dem Begriff der Attraktivität ist ebenso eine Betrachtung des Begriffs der Schönheit sinnvoll. Der Begriff Schönheit ist eine Wortform des Wortes schön. Der Begriffsursprung findet sich im althochdeutschen als scōni, was so viel wie was gesehen wird, ansehnlich bedeutet (vgl. Scholze-Stubenrecht u. a., 2015, 1559). Er selber hat einen Verweis auf das Wort schauen. Dieses kommt vom mittelhochdeutschen schouwen und althochdeutschen scouwōn was sehen betrachten bedeutet, aber auch ebenso auf etwas achten, bemerken (vgl. Scholze-Stubenrecht u. a., 2015, 1520). Aus diesen Anhaltspunkten lässt sich auffassen, dass etwas schön ist, wenn es bemerkt, betrachtet und als angenehm angesehen wird. Diese Betrachtung wird wiederum von einem äußeren Erscheinungsreiz angeregt, dass er als bewundernswert, angenehm angesehen wird (vgl. Scholze-Stubenrecht u. a., 2015, 1559).

Die Definition aus dem Oxford English Dictionary für den Begriff schön lautet wie folgt:

> Von angenehmer Anmut in Gestalt oder Form, bezaubernder (Gesichts-) Farbe oder Färbung und ausgestattet mit weiteren Eigenschaften, die das Auge erfreuen und Bewunderung hervorrufen: a) vom menschlichen Gesicht oder der menschlichen Gestalt, b) von anderen Objekten. (Etcoff, 2001, 15)

Nach dieser Definition ist der Begriff Schönheit ein Objekt das dem Betrachter/ der Betrachterin Bewunderung entlockt durch seine Form, Farbe und andere Eigenschaften bei seinem Anblick. Beide Definitionen von Schönheit laufen auf das Gleiche hinaus. Laut Etcoff lässt sich keine vollständige Definition von Schönheit erfassen. Die Aussage einer Agentur für männliche Topmodel definiert Schönheit wie folgt:

> Schönheit – das ist, wenn jemand zur Tür hereinkommt, und Ihnen bleibt der Atem weg. (...) Man fühlt es mehr, als man es sieht. Ich meine einen Mann, an dem Sie einfach nicht vorbeigehen können, wenn Sie ihn auf der Straße sehen (Etcoff, 2001, 15).

Auch diese Aussage deckt sich wieder mit den vorangegangenen Definitionen im Punkt, dass ein Objekt die Aufmerksamkeit erregt und eine Faszination auslöst bei dem Betrachter/ der Betrachterin. Diese Betrachtungen zeigen auf das die Attraktivität und die Schönheit eng miteinander verbunden sind aber unterschiedlich Herangehensweisen aufweisen und nicht ganz gleichzusetzen sind aber trotzdem in gewisser Weise zusammengehören und Überschneidungen aufweisen. Infolge dieser Überschneidungen werden die beiden Begriffe sinngemäß als einer gehandhabt in der Arbeit.

2.3 Begriffsdefinition Charakter

Der Begriff Charakter stammt vom griechischen χαρακτήρ charaktér ab. Was gravieren, körperliche und sprachliche Eigenart, Merkmal bedeutete. Im spätmittelhochdeutschen bezeichnete Charakter (karacter) einen Buchstaben, Zauberschrift und Merkmal. Im lateinischen findet sich der Begriff ebenso, wo es im Zusammenhang mit Brandzeichen zu finden ist. Also als eingebrannt, einen Stempel. Im Laufe der letzten Jahrhunderte finden sich weitere Verwendungen für das Wort Charakter wie als Beschreibung von Wesenszügen. Im übertragenen Sinne bedeutet der Begriff Charakter also das, etwas eingeprägt ist an psychischen und geistigen Eigenarten in einem Menschen (vgl. Pfeifer, o.J.).

Jörg Schweinitz definiert den Begriff des narrativen Charakters wie folgt: „Als *Charaktere* gelten Figuren, die erst im Zuge der erzählten Handlung sukzessive erkennbar werden, im Wechselspiel mit der Handlung Entwicklungen erleben und ein individuelles und vielschichtiges geistig-psychologisches Profil besitzen." (Schweinitz, 2006, 45) Das Wort Figur stammt vom lateinischen Wort figura ab. Es bedeutet so viel wie Gestalt, Erscheinung und besitzt einen Verweis auf fingieren (vgl. Scholze-Stubenrecht u. a., 2015, 604). Dieses stammt vom Lateinischen fingere ab welches wiederum bedeutet etwas formen, sich vorstellen (vgl. Scholze-Stubenrecht u. a., 2015, 610). Aus der künstlerischen Sicht handelt es sich hier um eine Darstellung eines Körpers, der menschlicher, tierischer oder von abstrakter Natur ist. Das Wort Figur hat ebenso noch weiter Bedeutungsangaben, wie die mathematische, musikalische usw. (vgl. Scholze-Stubenrecht u. a., 2015, 604). Schweinitz schreibt das Umberto Eco in seinem Buch Apokalyptiker und Integrierte ebenso Figuren beschreibt die eine vollständige Physiognomie[2] haben welche äußerlich, wie auch intellektuell und moralisch sind. Also um eine Figur, die sich in der Handlung weiterentwickelt. Im Gegensatz stellt er den Typus gegenüber der sich in der Handlung nicht verändern und immer gleichbleibt. Er bleibt immer starr in seiner Rolle (vgl. Schweinitz, 2006, 45f). Nach diesen Definitionen unterscheidet sich die Figur in den Charakter, der sich im Laufe der Geschichte weiter entwickelt in seiner Psyche und Handlungen und dem Typus. Laut Duden handelt es sich hierbei um eine stark stilisierte Figur, die keine individuellen Züge besitzt (vgl. Scholze-Stubenrecht u. a., 2015, 1806).

---

[2] Physiognomie bezeichnet die äußere Erscheinung eines Menschen oder anderen Lebewesen

3 Visuelle Wahrnehmung des Menschen

Im folgenden Kapitel wird auf die Prozesse eingegangen, die bei der visuellen Wahrnehmung des Menschen entstehen. Es soll als Überblick dienen für die nachfolgenden Kapitel.

3.1 Grundprinzip des visuellen Wahrnehmungsprozesses

Der Prozess der Wahrnehmung des Menschen ist ein Akt, der von außerhalb seiner selbst startet und nach mehreren Transformationen damit endet, dass es zu einer Handlung durch den Menschen kommt. Zwischen diesen beiden Punkten, dem Reiz und der Reaktion, finden sich verschiedene Prozesse, die stattfinden und alle zusammen den Wahrnehmungsprozess bilden. Nach E. Bruce Goldstein kann dieser Prozess in sieben Schritte unterteilt werden (s. Abb. 1). Der erste Schritt ist der Umgebungsreiz, der zweite Schritt die Lichtreflexion und Transformation, der dritte Schritt die Transduktion in den Rezeptoren, der vierte Schritt die neuronale Verarbeitung, der fünfte Schritt die Wahrnehmung, der sechste Schritt das Erkennen und der siebte Schritt das Handeln (vgl. Goldstein, 2015, 3).

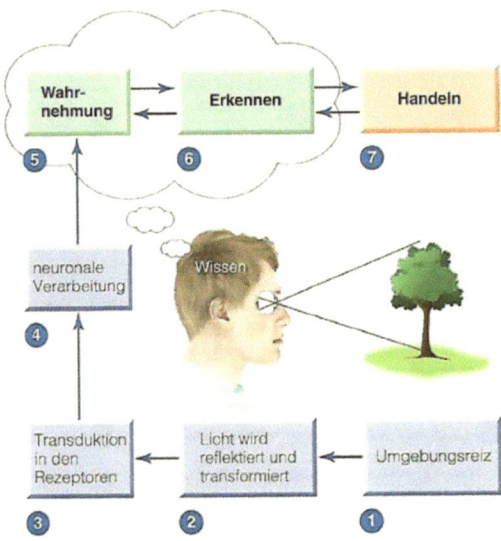

Abbildung 1: der Wahrnehmungsprozess
(Quelle: Goldstein, 2015, 3)

Dieses sieben-Schritte-Modell stellt eine vereinfachte Darstellung des komplexen Prozesses der Wahrnehmung dar, um diesen schneller zu verstehen. Es soll damit ein Grundwissen geschaffen werden für den weiterführenden Verlauf dieser Arbeit. Ein tieferer Einblick in die Thematik ist nicht vorgesehen. Wichtig zu bedenken ist ebenso, dass es sich bei diesen Schritten nicht um eine starre Abfolge von Prozessen handelt. Die Übergänge zwischen den einzelnen dargestellten Schritten sind fließend und beeinflussen sich gegenseitig. Die Einteilung in diese sieben Schritte ist nur eine Hilfe um den Prozess der Wahrnehmung auf eine verständliche Ebene herunterzubrechen und sollte nicht zu „eng" gesehen werden. Durch diese Beeinflussung können die Abfolgen also auch teilweise in umgekehrter Reihenfolge oder sogar gleichzeitig geschehen. Im ersten Schritt geht es um den Umgebungsreiz. Das visuelle System reagiert auf einen Reiz, den es in der Außenwelt aufgenommen hat. Das, was erblickt wird, ist nicht das Objekt selber, sondern ein transformiertes Abbild seiner selbst. Dieses Abbild entsteht dadurch das im zweiten Schritt, Lichtreflexion und Transformation, das Licht, welches auf das Objekt fällt, in das Auge reflektiert wird. In diesem Ablauf entsteht die erste Transformation, wenn das reflektierte Licht in das optische System des Auges, Hornhaut (Cornea) und Linse, gelangt und hier auf der Netzhaut (Retina) ein scharfes Bild projiziert. Dieser Ablauf passiert noch, bevor eine Wahrnehmung stattfinden kann. Dieses Prinzip ist das Transformationsprinzip. Dieses Abbild des Objektes auf der Netzhaut (Retina) ist der Repräsentant des Objektes aus der Außenwelt, der Umwelt. Somit ist es ein weiteres Prinzip, das Repräsentationsprinzip (vgl. Goldstein, 2015, 4f).

Der dritte Schritt, Transduktion in den Rezeptoren, handelt von den sensorischen Rezeptoren, den Sinneszellen. Der menschliche Körper hat für die jeweiligen Sinne Rezeptoren, die auf verschiedene Energien ausgerichtet sind. Die Rezeptoren für das Visuelle reagieren auf das einfallende Licht. Ihre Aufgabe ist es das Licht in eine andere Energieform umzuwandeln. Diese Rezeptoren gibt es in zweierlei Formen, die Stäbchen und Zäpfchen. Diese befinden sich auf der Rückseite des Auges in der Netzhaut. Fällt Licht auf die Rezeptoren, wird diese Energie zu elektrischer Energie umgewandelt. Diese Transformation kann passieren, weil lichtempfindliche Farbstoffe in den Rezeptoren existieren, die auf das Licht reagieren. Dieser Farbstoff nennt sich Sehpigment. Diese Sehpigmente teilen sich für die Farbwahrnehmung in drei verschiedene Gruppierungen auf die auf verschiedene Teile des sichtbaren Farbspektrums reagieren. Zudem sind sie auch dafür verantwortlich, dass bei einer geringen Lichtmenge etwas zu sehen ist. Dieses kommt von einem Bereich mit einer hohen Konzentration von Sehpigmenten die für das Sehen bei dämmrigen Verhältnissen zu ständig sind. Dieser ganze Umwandlungsprozess durch die Sehpigmente wird als Transduktion bezeichnet. Durch diesen Prozess der Transduktion ist es erst möglich, dass ein Wahrnehmungsprozess stattfinden kann. Denn das in elektrische Energie umgewandelte Licht kann jetzt von der Netzhaut in dieser Energieform über den Sehnerv zum Gehirn geschickt werden mit dieses die Information des Objektes weiterverarbeiten kann.

Im vierten Schritt, neuronale Verarbeitung, gelangen die im dritten Schritt entstandenen elektrischen Signale von der Rückseite des Auges in ein überragendes neuronales Netzwerk. Am Ende finden sich diese in der zwei Millimeter dicken Großhirnrinde, dem Kortex, wieder. Der Okzipitallappen ist hierbei der Bereich, der für das Sehen zuständig ist. Auf den Weg dorthin unterlaufen die elektrischen Signale weiteren Verarbeitungen. Diese sind von Wichtigkeit, da die Signale nicht nur in einer Richtung fließen können, sondern auch unter anderem gegensätzlich verlaufen können, gar nicht erst ankommen, da sie auf den Weg gestoppt werden, abgeschwächt werden oder einer Verstärkung unterzogen werden. Dieser Prozess der Veränderung wird als neuronale Verarbeitung bezeichnet und handelt sich hier auch um ein Transformationsprinzip. Wichtig hierbei ist, dass es sich trotz der veränderten Form der Energie bei der Übermittlung immer noch um Objekt handelt, was zum Anfang der ganzen Prozesse erfasst wurde.

Bei dem fünften Schritt, Wahrnehmung, werden nun die elektrischen Signale genommen und in eine bewusste Erfahrung umgewandelt. Diese Wahrnehmung ist nicht gleichzusetzen mit etwas erkennen. Bevor ein bewusstes erkennen stattfinden kann, wird das Objekt zuerst nur wahrgenommen. Erst im sechsten Schritt, erkennen, wird das Objekt wissentlich erkannt und zugeordnet. Also ab diesem Schritt nimmt der Mensch bewusst wahr. Diese Zuordnung des Objekts erfolgt anhand des bestehenden Wissens, das bis zu diesem Zeitpunkt vorhanden ist (vgl. Goldstein, 2015, 5ff). Entsprechend beeinflusst dieses Wissen die Wahrnehmungsprozesse, ob im Augenblick erworben oder schon vor einiger Zeit erlernt. Eine Art der Zuordnung ist das Kategorisieren des wahrgenommenen Objekts. Diese Aktion wird unbewusst automatisch gemacht und findet sich überall im Alltagsleben wieder. Ob es nach dem Aufstehen der Wecker ist oder die Kaffeetasse, eine Lampe oder es sich um ein Buch handelt, all diese Objekte werden kategorisiert und viele weitere ebenso, die im Laufe der Zeit dem Wissensstand hinzugefügt werden. Sie sind alles erlernten Wissen, welches zum größten Teil auf die

Wissensbasis aufbaut, die ein Mensch in seiner Kindheit erlernt hat. Neben diesem Prozess gibt es auch noch eine andere Beeinflussung, die vonseiten des Menschen selber kommt. Dabei handelt es sich um Bottom-Up- und Top-Down-Verarbeitung (s. Abb. 2). Der Ausgangspunkt der Bottom-Up-Verarbeitung, auch daten- oder reizgesteuerte Verarbeitung, beginnt mit dem umgewandelten Reiz in den Rezeptoren. Es findet eine Informationsgewinnung statt und eine Weiterleitung an die Top-Down-Verarbeitung, auch wissensbasierte Verarbeitung genannt.

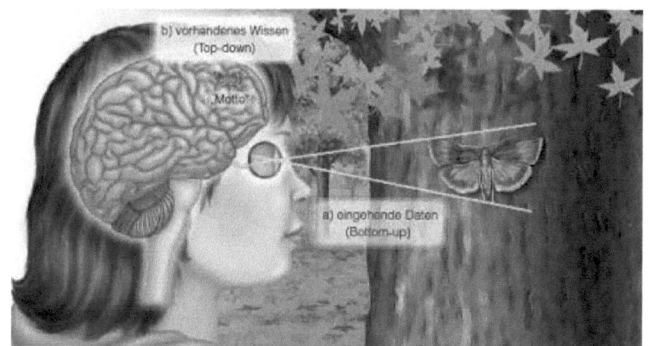

Abbildung 2: Bottom-Up- und Top-Down-Verarbeitung

(Quelle: Goldstein, 2015, 8)

Diese Verarbeitung basiert auf dem vorhandenen Wissensstand und gleicht das weitergeleitete Bild mit dem Erfahrungsstand ab. Diese Verarbeitungen können die nachfolgende Handlung beeinflussen. Z. B. ein schlecht leserlicher Einkaufszettel. Wurde schon Erfahrungen mit diesem Schriftbild gemacht, kann die abgerufene Erinnerung dabei helfen den neuen Schriftsatz zu entziffern und zu erkennen umso eine Handlung einzuleiten, in diesem Fall die richtigen Lebensmittel in den Einkaufswagen zu legen. Ohne Hilfe der Top-Down-Verarbeitung wäre es schwerer gewesen. In der Abbildung 2 ist die Motte die eingehende Datei, die Bottom-Up Verarbeitung. Die Motte wird nun im Top-Down-Prozess mit dem vorhandenen Wissen abgeglichen und das Gehirn erkennt dadurch, dass es sich um eine Motte handelt.

Genau diese Handlung ist der Inhalt des letzten und siebten Schrittes. Dieser Schritt beinhaltet physische Aktivität. Zu einer hohen Wahrscheinlichkeit tritt nach dem Erkennen eine Reaktion ein. Dies kann sich in vielen Formen manifestieren. Das erkannte Objekt kann näher betrachtet werden, indem der Abstand verringert wird oder er aus einem anderen Winkel betrachtet wird oder viele andere Möglichkeiten. Die Handlung führt wieder zu einem neuen Ablauf der Verhaltensreaktionen Wahrnehmung, Erkennen und Handeln. Es zeigt auf das der ganze Prozess kein starres abhandeln von Abfolgen, sondern ein dynamischer Prozess ist, der immer wieder von neuen startet oder zurückgeht und die neuen Reize und Informationen neu auswertet und den Prozess der Wahrnehmung erneut startet (vgl. Goldstein, 2015, 7ff).

3.2 Begrenzung von Wahrnehmung

Dem menschlichen Wahrnehmungssystem ist es nicht möglich alle Reize, die die Außenwelt aussendet, zu verarbeiten. Diese Limitation entsteht unter anderem dadurch, dass die Rezeptoren nur bestimmte Reize verarbeiten können. Entsprechend ist das Abbild der Außenwelt eine nicht korrekte Darstellung, welche nicht vollständig vom Menschen betrachtet werden kann. Eine dieser Limitationen ist das Farbspektrum.

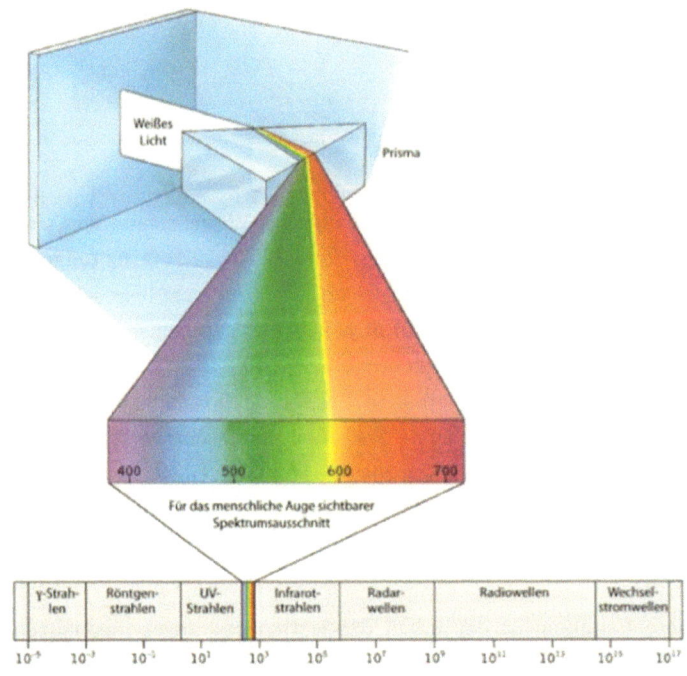

Abbildung 3: sichtbares Lichtspektrum
(Quelle: Hagendorf, 2011, 14)

Der Mensch kann nur einen kleinen begrenzten Ausschnitt, 400 bis 700 Nanometer, visuell wahrnehmen, wie in Abbildung 3 ersichtlich ist. Solche Limitationen finden sich ebenso bei allen anderen Sinnesorganen. Zudem finden ebenso Begrenzungen durch zu schnelle Bewegungen (z. B. eine Gewehrkugel) oder durch zu langsame Bewegungen (z. B. Stundenzeiger einer Uhr). Ohne technische Hilfsmittel lassen sich diese beiden Arten visuell nicht erfassen. Daraus resultiert, dass der gesendete Reiz ein bestimmtes Maß an Intensität besitzen muss, um visuell wahrgenommen werden zu können. Alle diese Limitationen sind artspezifisch und haben sich im Laufe der Evolution angepasst zu ihren jeweiligen Handlungen. (vgl. Hagendorf u. a., 2011, 14f).

3.3 Wahrnehmung von Objekten

Ohne große Anstrengung ist es der menschlichen Wahrnehmung möglich die verschiedenen Reize, die die Außenwelt ausstrahlt, zu Gruppen zusammenstellen, sodass die Objekte erkannt werden und mit dem vorhandenen Wissen abgeglichen werden können. Diese Fähigkeit wird als selbstverständlich erachtet. Ohne sie würde aus einer großen rechteckigen waagerechten Form, liegend auf vier senkrechten Formen, nicht ein Tisch daraus erkannt werden und zusätzlich könnte nicht jede andere Information zu diesem Objekt vom Wissensstand abgerufen werden, die im Zusammenhang mit diesem Tisch steht. Diese Objekterkennung passiert in einer enormen Geschwindigkeit von Millisekunden (vgl. Wendt, 2014, 188f). So eine leichte Zuordnung in der Erkennung scheint immer gegeben zu sein. Tatsächlich ist es eher so, dass die Bestimmung eines Objekts mehrdeutig ausfallen kann. Dieses wird als Problem der inversen Projektion bezeichnet. Diese Problematik wird aber zu großen Teilen schon selber vom visuellen System gelöst, sodass sie gar nicht wissentlich auftritt. Zwischen dem Schritt der Wahrnehmung und dem des Erkennens wird die passende Deutung zu dem jeweiligen Objekt festgelegt (vgl. Goldstein, 2015, 98). Es findet eine Disambiguierung, die Auflösung der Mehrdeutigkeiten, statt. Hilfestellung zur Deutung des Objektes finden sich in weiteren Informationen, die um das Objekt gelagert sind. Solche Hilfen wären die Beschaffenheit der Oberfläche, weitere Objekte, die mit dem Objekt im Zusammenhang stehen und die Begutachtung aus verschiedenen Blickwinkeln. So kann erst gar keine bewusste Erkennung von Mehrdeutigkeiten stattfinden (vgl. Wendt, 2014, 20). Bei der Betrachtung von Objekten gibt es Winkel, in denen Objekte schneller und besser zu erkennen sind. Diese Ansichten nennen sich kanonische Ansichten. Diese kanonische Ansicht bietet dem Betrachter/ Betrachterin eine bessere Betrachtung im Zusammenhang mit einer für das Objekt typischen Handlung. So ist die Seitensicht eines Wasserkochers (Henkel links oder rechts) eine kanonische Ansicht, weil der Betrachter/ Betrachterin, gemäß ob Linkshänder/ Linkshänderin oder Rechtshänder/ Rechtshänderin ist, direkt den Henkel greifen könnte, um mit dem Wasserkocher zu interagieren (vgl. Schönhammer, 2013, 187). Wohingegen eine Sicht z. B. von oben eher befremdlich für den Betrachter/ Betrachterin ist und er/ sie längere Zeit braucht, um das Objekt als Wasserkocher zu identifizieren, da diese Ansicht sehr untypisch und ungewöhnlich ist als die kanonische Ansicht (vgl. Wendt, 2014, 205). Im Zusammenhang kann hier direkt an die Blickwinkelvarianz angeknüpft werden. Bei der Blickwinkelvarianz handelt es sich um die Fähigkeit verschiedene Ansichtsperspektiven einem Objekt zuzuordnen. Diese verschiedenen Ansichten unterscheiden sich von ihrer Form, Oberfläche und Umriss, bei z. B. einem Stuhl, sehr. Trotzdem werden Objekte von dem Betrachter/ der Betrachterin nicht als verformt wahrgenommen. Der Betrachter/ die Betrachterin sieht diese Veränderung nicht als Wandel der Gestalt des Objekts, sondern als eigene Bewegung oder die des Objekts laut Schönhammer. Er geht davon aus das der Betrachter/ die Betrachterin eine Gewissheit hat das ein Objekt durch Bewegung reversibel ist und sich darauf stützt, dass er/ sie eine Erwartung hat, dass dieses Objekt eine relative Festigkeit aufweist, mit dem er/ sie haptisch interagiert. Dieses Konzept nennt sich Formkonstanz. Einige Ausnahmen von Objekten gibt es dennoch die diesem Konzept, der nicht Gestaltwandlung, nicht folgen. Organische Objekte, wie Gesichter oder Körper von Lebewesen fallen in diese Ausnahme. Sie können sich zu einen gewissen Grad einer temporären Veränderung unterwerfen (vgl. Schönhammer, 2013, 188). Um diese ganzen komplexen Prozesse der Wahrnehmung zu bewältigen, hilft die Wahrnehmungsorganisation. Unter der Wahrnehmungsorganisation versteht sich das Zusammenfügen einzelner Formen zu einem Objekt. Dieser Vorgang wurde schon am Anfang dieses Kapitels kurz erwähnt. Insgesamt beinhaltet die Wahrnehmungsorganisation zwei Komponenten: die Gruppierung und die Segmentierung. Bei der Gruppierung handelt es sich um den Prozess des Zusammenfügens von Elementen zu einer Gruppe, die dann ein Objekt darstellen. So eine Gruppierung wäre z. B. ein Hochhaus. Im Gegenzug zur Gruppierung steht die Segmentierung. Hier findet der Prozess der Trennung von Objekten statt, sodass erkannt werden kann, dass es sich um mehrere Hochhäuser handelt. Es wird also erkannt, wo sich die Grenze befindet, wo ein Objekt aufhört und ein neues beginnt (vgl. Goldstein, 2015, 100). In Abbildung 4 von der Frankfurter Skyline können diese beiden Prozesse angewandt werden. Die einzelnen Hochhäuser sind durch die Gruppierung zu erkennen und können durch die Segmentierung auseinandergehalten werden. Bei dem Prozess der Gruppierung gibt es verschiedene Strukturen, wie die Wahrnehmung ein Objekt zusammenstellen kann. Die Gestaltpsychologen haben viele Untersuchungen hinsichtlich dieses Prozesses der Wahrnehmung durchgeführt, um festzustellen zu können welche Eigenschaften oder welchem Muster sie unterliegen. Diese Gruppierungen von Prinzipien werden Gestaltungsprinzipien oder Gestaltungsgesetze genannt.

Abbildung 4: Gruppierung und Segmentierung Skyline Frankfurt am Main

(Quelle: https://de.wikipedia.org/wiki/Datei:Skyline_Frankfurt_am_Main_2015.jpg)

Bei dem Prinzip des guten Verlaufs/ Prinzip der guten Fortsetzung bevorzugt der Betrachter/ die Betrachterin die Linienführung, die einen möglichst sanften, geschwungenen Weg geht. Knickpunkte in der Linienführung werden als Überschneidungen wahrgenommen, anstatt das die Linienführung hier radikal in eine andere Richtung geht (vgl. Wendt, 2013, 158ff). Ein gutes Beispiel für dieses Prinzip sind Kabel, die sich überschneiden. Durch das Prinzip folgt der Betrachter/ die Betrachterin dem Verlauf des Kabels und ignoriert die Überschneidungen beim Folgen der Fortsetzung des Kabels.

Dieses Prinzip lässt sich nicht nur auf linienähnliche Objekte anwenden, sondern auch für Objekte deren Oberflächen teilweise verdeckt werden. Verdeckt ein Objekt ein anderes, wird der Betrachter/ die Betrachterin dem Verlauf, der nicht ersichtlich ist, trotzdem folgen (vgl. Goldstein, 2015, 103). Raimund Schönhammer, Psychologe für Gestaltung, denkt, dass dieser Verlauf der Wahrnehmung mit der biologischen Bedeutung von Bewegung zusammenhängt (vgl., Schönhammer, 2013, 165).

Bei dem Prinzip der Prägnanz sieht der Betrachter/ die Betrachterin das wahrgenommene Objekt in einer einfachen prägnanten Möglichkeit. Das heißt das komplizierte Formen zugunsten einfacher Formen missachtet werden in der Wahrnehmung. Eines der bekanntesten Beispiele hierfür sind die Ringe des olympischen Symbols. Der Betrachter/ die Betrachterin sieht in dieser Darstellung die Grundform Kreis fünf Mal, anstatt die Elemente der Überschneidungen als eigene Form wahrzunehmen.

Bei dem Prinzip der Ähnlichkeit fasst der Betrachter/ die Betrachterin Objekte, die die gleiche Erscheinung haben zu einer Gruppe zusammen. Diese Ähnlichkeit kann in der Form, der Farbe, der Orientierung oder der Größe Gestalt annehmen. Ein Beispiel dafür wären mehrere Reihen von grünen Kreisen. Ist nun in dieser Formation eine Reihe waagerecht in der Farbe Rot, fasst der Betrachter/ die Betrachterin diese Veränderung der Kreise zusammen und sieht hier eine Zeile roter Kreise (vgl. Goldstein, 2015, 103).

Bei dem Prinzip der Nähe werden Objekte, die näher beieinander sind, vom dem Betrachter/ von der Betrachterin als zusammengehörend wahrgenommen. Als Beispiel kann anhand eines Textes diese Zusammengehörigkeit ersichtlich werden. Der Betrachter/ die Betrachterin nimmt alles, was zwischen zwei Leerzeichen steht, als eine Einheit war, nämlich als ein Wort und nicht als Ansammlung von Buchstaben (vgl. Wendt, 2013, 159).

Bei dem Prinzip des gemeinsamen Schicksals werden solche Objekte vom dem Betrachter/ von der Betrachterin als eine Gruppierung wahrgenommen die die gleiche Richtung teilen. Dabei muss es sich zwangsläufig nicht um die gleichen Objekte handeln. Form, Größe und Farbe können bei diesem Prinzip variieren. Als Beispiel dafür sind Tierschwärme, wie Vögel die in eine Richtung fliegen. Solche Formationen werden als eine Gruppe identifiziert, auch wenn die Tiere nicht komplett identisch sind.

Bei dem Prinzip der gemeinsamen Region werden Elemente die sich in einem abgegrenzten Bereich befinden als ein Objekt wahrgenommen. Tritt ein Prinzip der gemeinsamen Region in Kraft und ein Prinzip der Nähe ist ebenso zu finden dominiert das Prinzip der gemeinsamen Region über das der Nähe.

Bei dem Prinzip der Verbundenheit sieht der Betrachter/ die Betrachterin Elemente, die innerhalb einer Region miteinander verbunden sind und in Helligkeit, Farbe, Textur oder Bewegung Gemeinsamkeiten aufweisen als ein Objekt an.

Bis auf die letzten beiden Prinzipien stammen die Prinzipien aus dem frühen 20. Jahrhundert. Die letzten beiden Prinzipien wurden in den 90er Jahren hinzugefügt. All diese werden von dem Betrachter/ von der Betrachterin mühelos und automatisch, ohne große Anstrengung wahrgenommen und erkannt. Laut Goldstein liegt diese Mühelosigkeit daran das der Betrachter/ die Betrachterin immer und immer wieder die wahrgenommene Umgebung und die sich dabei wiederkehrenden Merkmale zunutze macht für die Organisation. Der Betrachter/ die Betrachterin machen eine Annahme aufgrund der vorhandenen Erfahrung mit den jeweiligen Objekten. Folglich betrachten sie die Gestaltungsprinzipien als selbstverständlich. Nichtsdestotrotz sind diese die Grundbasis für das Verständnis, wie der Mensch seine Umwelt in Bereiche einteilt.

Abbildung 5: Kippfigur rubinsche Vase

(Quelle: http://www.spektrum.de/lexika/images/psycho/f3f270_w.jpg)

Im Gegenzug gibt es noch die Segmentierung. Wie bereits kurz erwähnt, handelt es sich hierbei um die Wahrnehmung der Trennung von unterschiedlichen Objekten voneinander. Bekannt ist dieser Bereich auch als die Figur-Grund-Unterscheidung. Im Normalfall nimmt der Betrachter/ die Betrachterin ein Objekt wahr, welches er von dem Rest den er/ sie sieht, separiert. Dabei wird der Rest als (Hinter)grund klassifiziert. Um zu identifizieren, warum ein Grund als Grund und die Figur als Figur gesehen wird, von dem Betrachter/ von der Betrachterin bzw. welche Eigenschaften diese beiden jeweils aufweisen haben Gestaltungspsychologen Untersuchungsmethoden entwickelt. Diese Fragestellung ist als das Problem der Figur-Grund-Unterscheidung bekannt. Eine dieser Untersuchungsmethoden war die Verwendung von sogenannten Kippfigur. Eines der bekanntesten Vertreter dieser Kippfiguren ist die Gesichter-Vasen-Figur, die rubinsche Vase (s. Abb. 5) von dem dänischen Psychologen Edgar Rubin. Hierbei handelt es sich um eine Vase, die mittig im Bild steht und die links und rechts zwei Gesichter hat, die sich ansehen. Je nach Interpretation der Wahrnehmung sieht der Betrachter/ die Betrachterin die Vase oder die Gesichter (vgl. Goldstein, 2015, 104ff). Die Wahrnehmung springt hier immer zwischen den beiden Varianten, den Gesichtern und der Vase, hin und her. Entweder sieht der Betrachter/ die Betrachterin zwei dunkle, sich zugewandte, Gesichter mit hellem Grund oder eine helle Vase in der Mitte und dahinter dunklen Grund. Die Untersuchungen ergaben, dass Elemente, die sich weiter unten im Bild befinden, eher als Figur erkannt werden. Dieses Phänomen lässt sich mit der tagtäglichen Situation der Wahrnehmung unserer Umgebung erklären. Der Himmel im oberen Teil wird als Grund wahrgenommen und der untere Teil, die Landschaft oder das Stadtbild, wird als Figur wahrgenommen. Ebenso nimmt der Betrachter/ die Betrachterin die Figur immer vor dem Grund war. Somit sieht der Betrachter/die Betrachterin den Grund, als ein Ding ohne eigene Gestalt an die weiter hinter der Figur verläuft. Ebenso wird die Kontur, die die jeweiligen Bereiche voneinander separiert, als Kontur der Figur erkannt. Eine andere Eigenschaft, die den Betrachter/ die Betrachterin dazu verleitet etwas als Figur wahrzunehmen, ist eine konvexe[3] Kontur. Ebenso wirken Figuren „dinghafter" und haben eine stärkere Präsenz als der Grund, welche in Erinnerung bleibt (vgl. Goldstein, 2015, 105f).

3.4 Wahrnehmung von Gesichtern

Bei allen verschiedenen Typen von Objekten gibt es einen Typus, der besonders Erwähnung zuteilwerden soll. Hierbei handelt es sich um das menschliche Gesicht. Laut Wendt soll für das menschliche Gesicht ein spezifisches Verarbeitungsmodul eingesetzt werden (vgl. Wendt, 2014, 208). Das Gesicht ist informationstechnisch eine der wichtigsten Quellen. Über ihm kann der Betrachter/ die Betrachterin identifiziert werden, wie auch ihn welcher Stimmung er/ sie ist, durch den Ausdruck von Emotionen. Ebenso kann ein Gesicht eine Wertung bei dem Betrachter/ bei der Betrachterin auslösen auf das genauer in Kapitel 4 ein-

---

[3] etwas ist nach außen gewölbt

gegangen wird. (vgl. Goldstein, 2015, 120). Vom gesamten Körper ist das Gesicht auch der Teil des menschlichen Körpers der die Menschen am meisten fasziniert. Es gibt nur wenige Dinge auf der Welt, die den Menschen mehr faszinieren als das menschliche Gesicht (vgl. Henss, 1998, 15).

Wiederum ist aber zu bedenken das durch Veränderung innerhalb des Gesichtes, z. B. durch Emotionen, zu frappierenden Änderungen in der Struktur kommt. Diese Eigenschaften sollten eigentlich ein Hindernis sein in der Erkennung der Gesichter (vgl. Wendt, 2014, 209). Gesichter sind aber die Objekte, die die schnellste Reaktion (138 Millisekunden) von Augen auslösen, wenn gesagt wird das der Betrachter/ die Betrachterin so schnell wie möglich auf ein Bild sehen sollen. Nachfolgen Tiere mit 170 Millisekunden und Fahrzeuge mit 188 Millisekunden (vgl. Goldstein, 2015, 120). Auch sagt Goldstein das der Betrachter/ die Betrachterin durch die Blickwinkelvarianz unterschiedliche Ansichten von menschlichen Gesichtern den jeweiligen Menschen zuordnen kann (vgl. Goldstein, 2015, 100). Eine weitere Besonderheit ist es, wenn Bilder von Gesichtern invertiert werden. Dem Betrachter/ der Betrachterin ist es immer noch möglich eine Identifikation durchzuführen, aber die Schwierigkeit dabei ist um einiges höher als bei anderen Objekten. Dieser Vorgang zeigt auf das der Betrachter/ die Betrachterin Gesichter scheinbar auf holistische weise wahrnehmen. Also ganzheitlich. Laut Goldstein ist die Konstellation von den drei Merkmalen Auge, Mund und Nase ausschlaggebend dafür, dass der Betrachter/ die Betrachterin über tausend verschiedene Variationen unterscheiden kann. Das wichtigste dieser drei Merkmale sind die Augen (vgl. 2015, 120f). Auch Wendt bezieht sich darauf, dass Gesichter holistisch wahrgenommen werden. Dieses Wissen beruht auf einigen Untersuchungen. Als Beispiel führt er die Untersuchung von Tanaka und Farah an, bei der den Versuchspersonen einem Gesicht und einem Haus gezeigt wurde zum Erlernen. Danach wurden ihnen unter anderem einzelne Bildausschnitte von dem Gesicht und dem Haus gezeigt. Die Erkennung der Einzelbilder vom Haus beinhalteten keinerlei Beeinträchtigung. Im Gegensatz gab es diese bei den Einzelbildern des Gesichts. Diese besondere Abhängigkeit funktioniert aber nicht bei Gesichtern, die nicht richtig herum sind. Also auf dem „Kopf" stehen (vgl. Wendt, 2014, 212). Erklärt wird dies, damit das dieser Wahrnehmungsprozess sehr leistungsaufwendig ist. Da dieser Prozess des schnellen erkennen von Individuen früher überlebenswichtig war ignorierte er untypische Gesichter (verdrehte, fremde Gesichtstypen) um keinen unnötigen Speicherplatz zu verbrauchen (vgl. Schönhammer, 2013, 176). Untersuchungen haben ergeben, dass ein bestimmter Bereich im Gehirn erhöhte Aktivitäten aufweist, bei der Betrachtung von Gesichtern und anderen Objekten, in denen der Betrachter/ die Betrachterin ein Experte ist. Dieser Bereich ist der Gyrus fusiformis des inferioren Temporallappen. Wegen seiner Funktion bei Gesichtern wird dieser Bereich auch fusiform face area genannt. Da Menschen im Alltag tagtäglich von anderen Menschen und deren Gesichtern umgeben sind, handelt es sich in diesem Fall auch um eine ausgeprägte Expertise (vgl. Wendt, 2013, 209f). Ebenso ist es schwierig für den Betrachter/die Betrachterin Menschen anderer Ethnien gut unterscheiden zu können. Sie können besser Menschen des eigenen Kulturkreises erkennen. Dies ist darauf zurückzuführen, dass sie mit anderen Ethnien seltener Kontakt haben als mit dem eigenen Kulturkreis. Dadurch kann der Betrachter/ die Betrachterin nicht auf gelernte Inhalte, bezüglich dieser Ethnie, zurückgreifen können, nutzt er/ sie daher den Gesichtsstandard des eigenen Kulturkreises, welcher aber relativ weit entfernt ist. Das führt wiederum dazu, das eine Unterscheidung schwerfällt (vgl. Giese u. a., 2007, 20ff).

Landau bezeichnet die Erkennung von Gesichtern, aus biologischer Sicht, als hochspezielle Mustererkennung, bzw. als „bevorzugtes Muster". Diese Erkennung wird deswegen bevorzugt genannt, da Menschen prädisponiert sind das Muster des menschlichen Gesichts schnell zu erkennen und einen Sinn dahinter verstehen. Eine andere Besonderheit in Bezug auf Gesichtern und das „bevorzugte Muster", ist das die Menschen sie in allen möglichen sehen (vgl. Landau, 1989, 64). Diese Objekte reichen von Wolken zu Rissen zu Schatten an der Wand. Ausschlaggebend sind dabei ein oder zwei Kreis/e oder ein ähnlich aussehendes Element, die das/ die Auge/n darstellen kann/ können (vgl. Schönhammer, 2013, 172f). Diese beiden Kreise reichen schon um den Betrachter/ die Betrachterin ein Gesicht erkennen zu lassen, wo eigentlich keines ist. Dieses Phänomen erklärt Scott McCloud damit, dass Menschen es lieben Menschen zu erblicken. Sie sind so darauf fixiert ihres gleichen um sich zu haben, dass sie menschliche Gesichter und Emotionen in Autofronten, in Skulpturen, in Strichmännchen und sogar in wirren Gekritzel wiederfinden. Weder starke Abstraktion noch Stilisierung kann dieses Phänomen brechen. Er sagt, dass die Menschen egozentrisch sind und sich dem entsprechend gerne überall wiedererkennen. Neben den Kreisen ist die Symmetrie ausschlaggebend, damit sich der Betrachter/ die Betrachterin darin selbst wiedererkennt. Bei der Symmetrie handelt es sich um eine spezielle Form, die bilaterale Symmetrie. Diese Art von Symmetrie spiegelt sich zueinander. In Abbildung 6 ist diese bilaterale Symmetrie gut zu erkennen. In der Mitte scheint sich das Bild zu spiegeln. Ebenso lassen sich in der Abbildung die Kreise als Augen gut wahrnehmen.

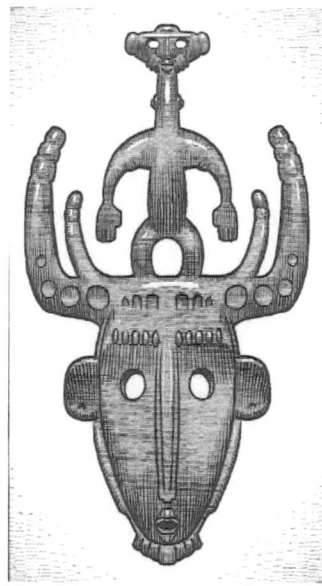

Abbildung 6: Gesichter überall

(Quelle: McCloud, 2007, 60)

Frontal ist also links und rechts eine Symmetrie wahrzunehmen, die zueinander ist. Diese Reaktion auf die Symmetrie ist ein erlerntes Verhalten. Wird dieses Muster von Symmetrie wahrgenommen von dem Betrachter/ von der Betrachterin, dann versucht er/ sie hier ein Lebewesen, wie er selber, darin wieder zu erkennen. Wie aber bereits schon erwähnt, muss dieses überhaupt nicht der Tatsache entsprechen. Es kann sich auch lediglich um eine Zeichnung handeln oder einen anderen leblosen Gegenstand wie eine Dose (vgl. McCloud, 2001, 40f; McCloud, 2007, 58fff). Hilfreich zu den Augen ist eine Nase oder ein Mund. Wobei ein Mund dem Gesicht mehr Prägnanz verschafft. Ist eins dieser beiden noch zusätzlich vorhanden, liegt eine Gesichtsinterpretation bei einer sehr hohen Wahrscheinlichkeit (s. Abb. 6) (vgl. Schönhammer, 2013, 173).

Dieses Phänomen mit den Augen beginnt schon im Säuglingsalter. Neben realen Augen reagieren die Babys nämlich auch auf zwei schwarze Punkte mit einem Lächeln. Augen sind im Ganzen der Teil im Gesicht, der den Blick des Betrachters/ der Betrachterin auf sich zieht. Sie sind der erste Fixationspunkt wegen ihrer Bewegung und Ausrichtung und damit einen großen Teil der Kommunikation schon preisgeben. Entsprechend gibt es auch eine Umschreibung der Augen für diese Rolle als Akteur. *Das Fenster zur Seele* (vgl. Schönhammer, 2013, 174).

3.4.1 Abstraktion von Gesichtern

Schönhammer spricht auch von einem Karikatur-Effekt. Dieser Effekt erleichtert dem Betrachter/ der Betrachterin die Erkennung von Gesichtern und Zügen durch Überzeichnungen, wie sie in Cartoons zu finden sind, solange die Abstraktionen sich in Grenzen halten. Durch ihre Prägnanz kann der Betrachter/ die Betrachterin die Gesichter schneller erkennen, als welche die normal proportioniert sind. Solche starken Abstraktionen finden sich vor allem im Bereich des Cartoon-Stils wieder im medialen Umfeld der Menschen. Laut Schönhammer werden solche Eigenheiten auch als treffender empfunden als Durchschnittsgesicht (s. Kapitel 4.1.2.). Auch Giese und Leopold schreiben das Karikaturen, bei denen ein typisches Merkmal in einer übertriebenen Form dargestellt wird, besser erkannt wird als die Originale (vgl. Giese & Leopold, 2007, 20).

Eine andere Art sind karikierende Fotos. Diese wurden mit Hilfe einer Bildbearbeitungssoftware verändert hinsichtlich nach den Abweichungen von Durchschnittsgesichtern. Diese Abweichungen werden von der Software verstärkt, sodass sie prägnanter sind und visuell schneller erfasst und erkannt werden können. Diese Bilder scheinen aber nicht ähnlicher zu sein als ihre Originale (vgl. Schönhammer, 2013, 176).

4 Das Gesicht in der Forschung

Der Mensch ist immerzu damit beschäftigt seine Umwelt wahrzunehmen. Er nimmt unermüdlich neue Reize auf und wertet diese aus (s. Kapitel 3.1.). Dabei ist das Gesicht das Erste was der Betrachter/ die Betrachterin erblickt und ihm/ ihr im Gedächtnis bleibt (vgl. Ekman, 1988, 7). Bei jedem menschlichen Gesicht, das der Betrachter/ die Betrachterin erblickt, findet genau dieser Prozess des Erkennens statt. Das Gehirn erkennt, dass es sich um ein menschliches Gesicht handelt. Doch neben dieser rein visuellen Wahrnehmung findet auch eine Wertung des Gesichts statt (vgl. Etcoff, 2001, 14). Da der Mensch ein soziales Wesen ist, hat er ein Bedürfnis seine Zeit mit anderen Menschen zu teilen, in der Gemeinschaft zu leben. Durch dieses Zusammenleben mit anderen ist es unverzichtbar zwischen Freund und Feind unterscheiden zu können. Diese Fähigkeit des Erkennens von anderen Dingen und Menschen ist eine zentrale Gabe für das komplizierte Sozialleben der Menschen (vgl. Landau, 1989, 61). Diese Kompetenz hört nicht bei der Schwelle der digitalen Welt auf. Automatisch bewertet der Betrachter/ die Betrachterin, ob ihm/ ihr das besagte Gesicht zu sagt oder nicht (vgl. Etcoff, 2001, 14). Bei einem computergenerierten Charakter, kurz CG-Charakter, findet dieser erste Eindruck, der sogenannte Primäreffekt (s. Kapitel 4.1.1.1.), genauso statt. Dies rührt davon, obwohl es sich um einen nicht realen Menschen handelt, dass der Betrachter/ die Betrachterin einen humanoiden CG-Charakter als realen Kommunikationspartner anerkennt und ihn entsprechend auch so behandelt. Dieses Phänomen wird parasoziale Interaktion genannt. Geprägt wurde er in den 1950er Jahren von Donald Horton und Richard Wohl (vgl. Juhnke, 2011). Wie schon ausführlich im Kapitel 3.4. und 3.4.1 erläutert wurde, ist es unerheblich wie stark abstrahiert, stilisiert das Gesicht eines CG-Charakters ist. Der Betrachter/ die Betrachterin kann trotz alledem ein Gesicht erkennen, mit dem er/ sie interagieren kann. Wenn sie bestimmte Merkmale aufweisen (s. S. 20f). Durch diese Vereinfachungen der Formen treten die Grundformen sogar noch stärker in den Vordergrund für die Betrachter/ die Betrachterinnen (mehr zu den Grundformen in Kapitel 5.2.2.). Dadurch greift unter anderem das Gestaltungsprinzip der Prägnanz (s. S. 15f). Was wiederum dazu führt, dass der Betrachter/ die Betrachterin sein/ ihr bevorzugtes Muster (s. S. 20) noch schneller und prägnanter wahrnehmen kann. Somit hilft eine vereinfachte Darstellung der Formen bzw. des Stils, dass der Betrachter/ die Betrachterin das betrachtete Gesicht noch schneller erfassen und sich dieses einprägsamer im Verstand verankern kann durch die einfache Formführung, welche wiederum einfacher zu erfassen ist für das Auge, das

das Auge einfache Formführungen bevorzugt (s. S. 15f). Wichtig ist es ebenso, dass der CG-Charakter ein glaubwürdiger Kommunikationspartner ist (s. Kapitel 5.1 Uncanny Valley).

Zu beachten ist aber auch, dass der Kommunikationsfluss nur einseitig verlaufen kann bei einem digitalen oder analogen Partner. Es besteht nicht wie bei einer normalen Kommunikation einen Austausch zwischen Empfänger und Sender. Die sich entwickelnde Kommunikationsbeziehung ist imaginär. Der Betrachter/ die Betrachterin reagiert auf die visuellen Reize des CG-Charakters aber die vom Betrachter/ von der Betrachterin gesendeten Reize können nicht vom CG-Charakter empfangen werden und stellt demnach eine parasoziale Interaktion dar (vgl. Jäger, 2013, 14f). Somit lassen sich auch Komponenten, die für den realen Menschen gelten, aus der Sozialpsychologie nehmen und diese auf CG-Charaktere übertragen. Dadurch, dass ein CG-Charakter eine rein erfundene Figur ist und somit einem immerwährenden Prozess des Wandels unterliegt, kann durch die Prinzipien der Sozialpsychologie das Potenzial der Figur noch um ein Vielfaches optimiert werden. Im Gegensatz zu einem realen Menschen kann das Design eines CG-Charakters nämlich entsprechend der Wünsche und Vorstellungen, z. B. plastischer Natur, individuell und recht schnell angepasst werden. Bei realen Menschen muss dafür im Gegensatz ein aufwendiges Masken-Make-up oder Special Effekts eingesetzt werden.

Somit kann durch gezieltes verstärken sozialer und emotionaler Eigenschaften des CG-Charakters ein positiver Effekt auf den Betrachter/ die Betrachterin übermittelt werden, da dieser/ diese instinktiv und unbewusst auf diesen CG-Charakter reagiert (vgl. Jäger, 2013, 107). Nachfolgend werden in diesem Kapitel verschiedene mächtige Effekte aus den verschiedenen Bereichen der Sozialforschung, wie auch der Attraktivitätsforschung beleuchtet, die Einfluss auf die Wahrnehmung des Betrachters/ der Betrachterin haben hinsichtlich der Attraktivität und der sozialen Wahrnehmung. Sie sollen eine weitere Grundlage sein für den weiteren Verlauf der Arbeit. Dabei wird versucht, auch teilweise historische Punkte mit einzubeziehen.

4.1 Attraktivität und Schönheit

> Schönheit bezaubert das Herz, umgarnt den Verstand und entfacht das Feuer der Emotionen. (Etcoff, 2001, 9)

Wie schon im Definitionskapitel für Schönheit und Attraktivität gesagt (s. S. 5f), kann der Betrachter/die Betrachterin sehr leicht erkennen, ob das Gesicht vor ihm/ ihr attraktiv ist oder nicht. Schwierig wird es, wenn es darum geht, warum dieses Gesicht eine hohe Attraktivität ausstrahlt. Bei bestimmten Gesichtern, wie die von Top-Models, gibt es einen sehr hohen Prozentsatz das diese als schön von den Betrachtern/der Betrachterinnen bewertet werden (vgl. Gründl, 2011, 1). Solch ein Phänomen der Beliebtheit lässt sich auch bei CG-Charakteren entdecken. Die Figuren aus Filmen von den Firmen Walt Disney Animation Studios, Pixar Animation Studios, DreamWorks Animation, Blue Sky Studios, Sony Pictures Animation, Animal Logic, Ambient Entertainment[4] und noch vielen anderen finden starken Anklang bei den Zuschauern durch ihre physischen Erscheinungsbilder. Diese stilisierten Figuren haben eine Ausstrahlung an sich, dass den Zuschauer dazu verführt ihn weiter zu betrachten (vgl. McCloud, 2001, 44). Seitdem im Jahr 1995 erschienenen 3D-Animationsfilm Toy Story sind bis heute eine große Vielzahl an neuen 3D-Animationsfilmen in den Kinos erschienen. Der 3D-Animationsfilm Frozen ist mit Platz 9 der höchst platzierte Film seines Genres auf der Liste der weltweit erfolgreichsten Filme und steht auch nicht als Einziger auf dieser Liste. Insgesamt lassen sich, nach dem aktuellen Stand, 18 Filmtitel finden bei den 100 besten Filmen (vgl. Box Office, 2017).

Eine Vielzahl an Untersuchungen, die in den letzten Jahrzehnten durchgeführt wurden, zeigen auf das es nicht einen universellen Schönheitsstandard geben kann. Von der entgegengesetzten Seite gesehen gibt es aber auch nicht die Position, dass jeder Betrachter/ Betrachterin seinen/ ihren ganz eigenen unabhängigen Geschmack hat. Also ganz nach dem Sprichwort „Schönheit liegt im Auge des Betrachters/ der Betrachterin". Die Untersuchungen zeigen, dass es einen gewissen Konsens an Merkmalen gibt, die als schön und attraktiv gewertet werden. Diese Situation wird auch durch den Alltag bekräftigt. Situationen, in denen ein Mensch einen anderen Menschen als attraktiv einstuft, wo andere Menschen nicht dieser

---

[4] für die Richtigkeit wurden hier die vollständigen Namen erwähnt, für den weiteren Lesefluss werden ab jetzt die geläufigen Abkürzungen genutzt

Meinung sind und über diese Attraktivitätszuordnung sehr überrascht sind z. B. Diese Überraschung in solchen Fällen zeigt auf, dass es scheinbar wirklich Gemeinsamkeiten gibt hinsichtlich der Attraktivität von Menschen (vgl. Henss, 1992, iif). Dieser gemeinsame Nenner ist innerhalb des eigenen Kulturkreises zu finden, wie aber auch in anderen Kulturen. Somit gibt es Merkmale für Attraktivität, die international als attraktiv angesehen werden. (vgl. Gründl, 2011, 1; Renz, 2006, 9f). Wie Renz es formulierte:

> Es gibt nicht ein Schönheitsideal, sondern sechs Milliarden. Sie überschneiden sich jedoch in erstaunlichem Maße. Sie enthalten einen gemeinsamen >> harten Kern<<, einen universalen Konsens, der alle Zeiten und Kulturen verbindet. (Renz, 2006, 10)

Die Psychologin Nancy Etcoff ist auch der Meinung das Menschen kulturübergreifend weitestgehend die gleichen Gesichter attraktiv finden. Die Übereinstimmung ist im eigenen Kulturkreis dichter, ist aber auch kulturübergreifend zu finden (vgl. Etcoff, 2001, 15). Dieses Phänomen findet sich auch bei CG-Charakteren. CG-Charaktere von Disney, Pixar, Dreamworks und anderen Filmstudios finden überall auf der Welt große Beliebtheit durch ihr attraktives Aussehen. Dieses schlägt sich entsprechend in den Besucherzahlen der Kinofilme und den Umsätzen der jeweiligen Filmstudios nieder (vgl. Box Office, 2017). Ebenso sagt Etcoff das gemeinsame Attraktivitätsideale nicht vom Einfluss der Medien herrühren. Ein Beleg dafür ist eine Studie mit zwei Stämmen, die keinen Fernseher besitzen und keinerlei Kontakt zueinander haben. Das Ergebnis zeigte, das die Meinungen übereinstimmt mit z. B. zwei College Studenten. Diese Aussagen über die Kultur und kulturübergreifende Attraktivitätswahrnehmung bestätigen ebenso einige andere Psychologen (u. a. Renz, Gründl, Henss, Cunningham u. a.).

Laut Etcoff kann niemand einem attraktiven Aussehen widerstehen. Was wiederum die Aussage des Kapitels 2.2. bestätigt. Dieses Aussehen ist die äußere Hülle, das sichtbare, öffentliche Selbst einer Person. Für den Betrachter/ die Betrachterin ist diese Hülle die Spiegelung des unsichtbaren inneren Selbst. Schönheit löst Emotionen im dem Betrachter/ in der Betrachterin aus. Er reagiert instinktiv auf die physischen Begebenheiten (vgl. Etcoff, 2001, 15f). Auch Guggenberger kommt zu dem Schluss, dass Schönheit soziale Macht von Anfang an ist (vgl. Braun u. a., 47).

4.1.1 Der erste äußere Schein

Der Mensch ist sehr auf die erste äußerliche Erscheinung eines anderen Menschen fixiert (vgl. Hassebrauck u. a., 1993, xi). Entsprechend also auch auf die eines CG-Charakters. Dieser erste Kontakt baut sich aus mehreren psychologischen Komponenten zusammen die im nachfolgenden Text erklärt und betrachtet werden.

4.1.1.1 Der erste Eindruck

Wie schon in Vorwort des Kapitels, auf Seite 23, kurz angerissen bewertet ein Betrachter/eine Betrachterin ein neues Gesicht automatisch. Dabei ist es egal, ob es sich um ein digitales Gesicht handelt (s. S. 23). Dieser erste Eindruck ist prägend für die ganze weitere bevorstehende Kommunikation und beeinflusst, wie der weitere Verlauf der Interaktion aussieht. Dieser erste Eindruck verankert sich sehr stabil mit der Beurteilung des Betrachters/ der Betrachterin und ist nur sehr schwer wieder zu berichten. Ein erstes Experiment wurden 1946 von Asch durchgeführt. In diesem Experiment fand er mit einem Reihenfolgeeffekt in der sozialen Eindrucksbildung heraus das die ersten Informationen einen höheren Einfluss haben als danach eingegangene Informationen (vgl. Gawronski u. a., 2002, 26). Dieser erste Eindruck hängt stark von der äußerlichen Erscheinung ab (vgl. Hassebrauck u. a., 1993, xi). Die, laut einer Untersuchung festgestellt, ersten 150 Millisekunden bestimmen darüber ob der Betrachter/ die Betrachterin das Gesicht attraktiv findet oder nicht. Ob er den Menschen (das Gesicht) also sympathisch oder unsympathisch findet. Diese Art von Wertungsprozess ist ein Automatismus, der immer wieder von neuem zum Einsatz kommt, wenn neue Reize das visuelle Wahrnehmungscenter betreten. In dieser Zeit von wenigen 150 Millisekunden hat das Gesicht Zeit von sich zu überzeugen (vgl. Etcoff, 2001, 14). Auch Henss ist der Meinung das zwischen 150 Millisekunden und 90 Sekunden gebraucht werden, um ein Urteil zu fällen über eine Person. Wobei hier von einer Ausgangsposition vom gesamten Bild, also der ganze Körper, ausgegangen wird (vgl. Jäger, 2013, 107).

4.1.1.2 Halo-Effekt

Der Halo-Effekt steht direkt im Zusammenhang mit dem ersten Eindruck. Erstmalige Beobachtungen zu diesem Phänomen gab es 1907 von Frederic L. Wells. Der Effekt wird auch Heiligenscheineffekt genannt und tritt bei dem ersten Kontakt auf. Der Betrachter/ die Betrachterin kann keine objektive erste Einschätzung abgeben, wenn er nur anhand der äußeren Erscheinung eines Menschen eine Beurteilung abgeben soll. Diese äußere Hülle sendet Reize, die den Betrachter/ die Betrachterin hinsichtlich seiner/ ihrer Einschätzung manipuliert und so eine Wahrnehmungsverzerrung verursacht (Jäger, 2013, 109). Laut Schmitt handelt es sich bei diesem Halo-Effekt um:

> ... die Tendenz (...) faktisch unabhängige oder nur mäßig korrelierte Eigenschaften von Personen oder Sachen fälschlich als zusammenhängend wahrzunehmen. (Schmitt, 1992, 476)

Ein Betrachter/ eine Betrachterin fokussiert sich also auf die äußeren Eigenschaften und interpretiert diese zu einer Einheit, obwohl zwischen diesen nicht unbedingt ein Zusammenhang bestehen muss. Somit kommt es dazu, dass etwaige andere Eigenschaft von diesen „überstrahlt" werden. Das führt also dazu das der Betrachter/ die Betrachterin bei bestimmten Eigenschaften einer Beeinflussung unterliegen und die Person positiv bewertet und alle folgenden Eigenschaften dann ebenso positiv beurteilt, weil diese von der Ersteren in der Wahrnehmung des Betrachters/der Betrachterin überdeckt werden. Dieses Schema lässt sich genauso auf bestimmte Eigenschaften anwenden, die bei dem Betrachter/ der Betrachterin negative Wirkung auslösen. Ausschlaggebend für diesen Prozess ist eine Eigenschaft, die dem Betrachter/ der Betrachterin „in das Auge sticht". Also die eine sehr bedeutende Stellung innehat. Ein konkretes Beispiel für dieses Phänomen ist die Situation bei der Bewertung von Schülern durch ihre Lehrer. Ein/e attraktive/r und freundliche/r Schüler/ Schülerin bekommt eine bessere Bewertung als Schüler/ Schülerinnen, die unattraktiver sind. Auch finden sich vergleichbare Beispiele bei Personen, die vor Gericht stehen. Je attraktiver sie sind, desto milder fällt das Urteil aus (vgl. Jäger, 2013, 109).

4.1.1.3 Attraktivitätsstereotypen

Der klassische Auslöser für dieses Phänomen ist die vorhandene physische Attraktivität oder auch die weniger bis gar nicht vorhandene physische Attraktivität der zu beurteilenden Person. Denn der Mensch schließt gerne bei einer schönen äußeren Erscheinung eines anderen Menschen auf gute innere Werte eben jener. Dieses Phänomen erkannte schon der griechische Dichter Sappho ca. 600 v. Chr. Er betitelte diesen mit den Worten "Wer schön ist, ist auch gut". Dieser Spruch wurde zu einer leitenden Formel in der Attraktivitätsforschung. Denn der Mensch hat die Angewohnheit, wenn er einen schönen fremden Menschen erblickt, er in ihm oder in ihr automatisch positive Charaktereigenschaften erkennt, obwohl diese durch eine rein äußerliche Betrachtung nicht in diesem Augenblick erkannt werden können. Der Betrachter/ die Betrachterin greift bei diesem Prozess unbewusst auf vorhandene Stereotypen zurück. Dabei handelt es sich um vorgefertigte physische Vorstellungen von Menschen, die in dem Gehirn des Betrachters/ der Betrachterin hinterlegt sind und nach dem Top-Down- und Bottom-Up-Verarbeitung (s. S. 11f) abgerufen werden können (vgl. Renz, 2006, 191f). Im Laufe des Textes wird später noch genauer auf die verschiedenen Stereotypen eingegangen (s. Kapitel 4.1.7.).

Eine der ersten Untersuchungen hinsichtlich dieses Themenstrangs von „schön ist gut" waren die Wissenschaftlerinnen Karen Dion, Ellen Berscheid und Elaine Walster (1972) wie auch Miller (1970). Die drei Wissenschaftlerinnen veröffentlichten im Jahr 1972 die Ergebnisse einer Studie. In dieser wurden Testpersonen unterschiedlich attraktive Bilder von fremden Menschen vorgelegt. Dort sollten sie den Menschen nach ihrem ersten Eindruck Persönlichkeiten zuschreiben. Das Ergebnis war, das die Versuchspersonen den attraktiveren Bildern eine größere Menge an positiven Eigenschaften zugeschrieben haben als den weniger attraktiven Bildern (vgl. Henss, 1998, 50). Unabhängig davon, ob es männliche oder weibliche Personen waren und egal, auf welcher Seite des Experiments sie standen. Dieser Effekt wird gemeinhin heute auch unter dem Begriff Attraktivitätsstereotypen geführt. Die physische Erscheinung ist also ausschlaggebend, ob der Beobachtete/ die Beobachtete dem Attraktivitätsstereotypen zu geordnet wird (vgl. Renz, 2006, 193). Eine physisch attraktive Person beeinflusst die Wahrnehmung und Handlung seines sozialen Umfelds also stärker als eine Person die weniger physisch attraktiv ist. So kombinieren Beobachter/ Beobachterinnen ein hübsches äußeres Erscheinungsbild mit Merkmalen wie sympathisch, fleißig, intelligent, gesellig, liebevoll, zugänglich, zufrieden, kreativ, aufregend, erfolgreich und ehrlich. Dahingehend wird ein unattraktives äußeres Erscheinungsbild mit Merkmalen wie faul, unehrlich, ungesellig, unzugänglich, erfolglos, unzufrieden, unintelligent, unsympathisch, langweilig und fantasielos in Verbindung gebracht (vgl. Gründl, o.J.d). Damit zeigt sich auf, dass eine attraktive Person allein durch die physische Erscheinung einen sozialen Vorteil genießen kann in allen möglichen gesellschaftlichen Lagen. Sehr stark lässt sich dieses Phänomen vor allem in allen Filmformaten, in allen Druckmedien, wie auch in der Werbung in allen Formatlagen erkennen. Also alles Bereiche die darauf zielen dem Betrachter/ der Betrachterin etwas über die visuelle Wahrnehmung zu verkaufen. Durch die visuell reizvolle Darstellung, und den damit verbundenen positiven Merkmalen, wird der Beliebtheitswert des Charakters bei dem Betrachter/ der Betrachterin ungemein gesteigert. Diese Beliebtheit wird wiederum dazu eingesetzt, das Produkt, was dahintersteht, einen höheren Absatz zu fördern. Dabei ist aber zu beachten das die Charaktere, wie sie nachher im Endprodukt zu sehen sind, nicht mehr wirklich ihr originales Aussehen besitzen. Sie werden digital nachbearbeitet oder sind von Grund auf eine digitale Darstellung. Somit sind die Gesichter und Charaktere, die die Betrachter und Betrachterinnen attraktiv finden, gar nicht in der Endkonstellation real. Diese Perfektion der physischen Darstellung reizt den Betrachter/ die Betrachterin entsprechend also noch mehr als es reale Personen vermögen können (vgl. Jäger, 2013, 108f). Genauere Ausführung zu diesem Themenzweig, hinsichtlich von Perfektion und bearbeiteten Gesichtern, finden sich im nächsten Kapitel.

Entsprechend zieht es also Vorteile mit sich, dem CG-Charakter eine ansprechende attraktive physische äußere Hülle zu geben. Vor allem dem Gesicht, da es sich, wie schon im vorangegangenen Text erwähnt (s. S. 18), folglich um den wichtigsten Part der menschlichen Anatomie handelt, der die größte Faszination ausübt auf den Betrachter/ die Betrachterin. Da sich durch die parasoziale Interaktion (s. S. 23) alle Effekte auch auf digital lebendige menschliche CG-Charaktere übertragen lassen, ist es von daher nicht essenziel, dass der Kommunikationspartner eine reale Person sein muss. Den Attraktivitätsstereotyp auf einen CG-Charakter zu übertragen, lässt sich durch die flexible Umgestaltung der Anatomie durch spezielle 3D Programme, wie z. B. Maya oder 3dsMax (vgl. Autodesk, o.J.), sehr einfach bewerkstelligen. So kann der Betrachter/ die Betrachterin noch gezielter manipuliert werden in seiner Wahrnehmung, da er/ sie stärker auf visuelle Perfektion reagiert als auf die Realität (s. S. 30).

4.1.2 Durchschnittsgesichter

In diesem Kapitel werden die Phänomene von Durchschnittsgesichtern erforscht, wie auch die Durchschnittshypothese.

4.1.2.1 Durchschnitt = schön = bevorzugt

Das erste Auftreten des Phänomens der Durchschnittsgesichter geschah 1878. Durch Zufall entdeckte der Naturforscher Sir Francis Galton, Cousin von Charles Darwin, dieses Phänomen bei einem Experiment, bei dem er mehrere Gesichter von Verbrechern übereinander belichtete. Dabei dienten ihm die Augen als gemeinsamer Fixpunkt. Dieses Experiment machte er, um einen visuellen Prototypen für Gewaltverbrechen zu erstellen. Bei dieser Prozedur entdeckte er die

Durchschnittsgesichter und welchen Effekt diese auf den Betrachter/ die Betrachterin haben. Alle Gesichter, die aus mehreren Bildern entstanden waren, sahen für den Betrachter/ die Betrachterin attraktiver aus als ihre Originale. Sein eigentliches Vorhaben, gemeinsame Merkmale für Gewaltverbrecher herausfinden, konnte er nicht zufriedenstellend positiv beenden. Dafür wurde diese von ihm entdeckte Methode bis in die 80er Jahre verwendet und dann erst durch die Morphing-Technologie ersetzt.

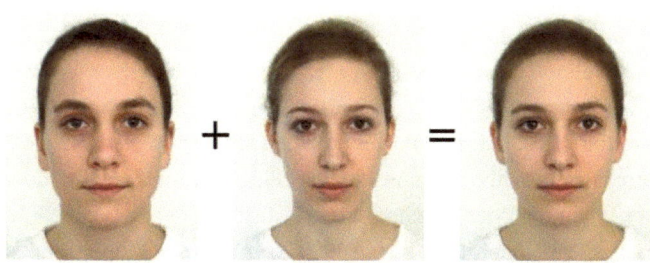

Abbildung 7: zwei Originalbilder zu einem Durchschnittsgesicht, weibliches Beispiel
(Quelle: http://www.beautycheck.de/cmsms/index.php/morphen-der-gesichter)

In den 90er Jahren experimentierten die Psychologen Judith Langlois und Lori Roggman mit dem Phänomen der Durchschnittsgesichter mit Hilfe von Computertechnik. Sie erschufen aus mindestens vier Einzelbildern ein gemorphtes[5] Bild. Diese Composites[6] wurden mit bis zu 32 Bilder gemacht. Als Fazit dieses Experiment konnten Langlois und Roggmann ziehen, dass je mehr Bilder in einem Composite verarbeitet wurden, desto attraktiver fanden es die Testperson bei der Beurteilung und waren auch häufig der gleichen Meinung. Also je mehr Durschnitt[7], desto schöner. Die Originale wurden dagegen als weniger attraktiv empfunden. Roggmann und Langlois gingen durch dieses Ergebnis davon aus, dass durchschnittliche Gesichter für den Betrachter/ die Betrachterin attraktiver und schöner sind als ihre Originale aus denen sie bestehen. Sie sagten das sich die individuellen Gesichtszüge miteinander verschmolzen, also die Mittelwerte der Proportionen, und so ein sehr anschauliches Gesicht zu Schau gestellt wurde (vgl. Jäger, 2013, 114f). Auf Abbildung 7 ist diese Attraktivitätssteigerung gut ersichtlich. Die

---

[5] Mit Hilfe eines Computerprogramms beruhendes Verfahren, ein Bild fließend zu verändern zu einem neuen Bild

[6] zusammengesetztes Bild aus mehreren Bildern

[7] bei dem Begriff wird der mathematische Durchschnitt gemeint

beiden linken Fotos ergeben zusammen das attraktivere rechte Bild. Auch der deutsche Psychologe Ronald Henss ist der Meinung das der Durschnitt von solchen Bildern allgemeine Grundmuster zeigen, die der Betrachter/ die Betrachterin als angenehm empfinden (vgl. Pichler, 2012). Evolutionstechnisch wurde schon früh festgestellt, dass bestimmte Eigenheiten in der Anatomie und Verhalten besser für das Überleben geeignet sind als andere. Charles Darwin war, der erste der dies bemerkte. Generation für Generation wurden Extreme selektiert und durchschnittliche Eigenschaften weitervererbt. Darwin nannte diese Art des Mechanismus *natürliche Auslese* (vgl. Landau, 1993, 9; Rehm, 1994, 20). Diese Durchschnittlichkeit wird auch von Etcoff erwähnt. Bei Vögeln lässt sich eine Tendenz finden, dass Vögel mit überdurchschnittlichen oder unterdurchschnittlichen Flügelspannweiten öfter Todesopfer von Stürmen sind. Im Gegensatz sind Vögel mit einer durchschnittlichen Spannweite der Flügel weniger gefährdet durch Stürme. Dieses Phänomen des Durchschnitts lässt sich in der Natur mehrfach finden. Die Durchschnittlichkeit lässt sich gleichsetzen mit Gesundheit und Überlebenschance. Unter- oder Überdurchschnittlichkeit mit geringerer Überlebenschance (vgl. Etcoff, 2001, 164).

Es finden eine Selektion statt die wiederum zu der Formel *Durchschnitt = schön = bevorzugt*, die Durchschnittshypothese, führt die seit vielen Generationen schon wirkt (vgl. Jäger, 2013, 115).

Abbildung 8: Durchschnittsbild CG-Charakter, Beispiel weiblich

(Quelle: http://facefacts.scot/#average)

Zum Testen dieser Theorie wurden mit Hilfe der Seite *FaceFacts,* auf der es ein kostenfreies Online-Morphing Tool gibt von der Universität Glasgow Neuroscience & Psychology, Durchschnittsbilder (s. Abb. 8 und 9) aus weiblichen und männlichen CG-Charakteren erstellt. Das weibliche Durchschnittsbild enthält die Gesichter von: Vanellope aus *Wreck-It Ralph* (Disney, 2012), Anna aus *Frozen* (Disney, 2013), Astrid aus *How to Train Your Dragon 2* (DreamWorks, 2014), Elsa aus *Frozen* (Disney, 2013) und Rapunzel aus *Tangled* (Disney, 2010). Das männliche Durchschnittsbild enthält die Gesichter von: Hans aus *Frozen* (Disney, 2013), Flynn aus *Tangled* (Disney, 2010), Hiccup aus *How to Train Your Dragon 2* (DreamWorks, 2014) und Kristoff aus *Frozen* (Disney, 2013). Die Ergebnisse, welche in Abbildung 8 und 9 zu sehen sind, zeigt jeweils ein Gesicht, das attraktiver ist als ihre einzelnen Bestandteile. Diese beiden Durchschnittsgesichter enthalten markante Elemente ihrer Ursprungsgesichter, was zu einer größeren Identifikationsfläche führt für den Betrachter/ die Betrachterin. Das wiederum führt zu mehr Vertrautheit (vgl. Jäger, 2013, 118).

Abbildung 9: Durchschnittsbild CG-Charakte, Beispiel männlich

(Quelle: http://facefacts.scot/#average)

4.1.2.2 Durchschnitt ungleich das schönste Gesicht

Dahingehend behaupten die Psychologen Perett, May und Yoshikawa das Durchschnittlichkeit nicht das oberste Maß für die Schönheit ist. Bei einem Versuch ließen sie Gesichter von europäischen Frauen von weiblichen wie auch männlichen

Testpersonen nach der Schönheit ranken. Von diesen 60 wurden die Plätze eins bis fünfzehn zu einem Composite (Miss Beauty) verarbeitet und ein zweites Composite (Miss Mix) aus allen 60 Bildern. Diese wurden einer neuen Testgruppe aus 18 männlichen und 18 weiblichen Probanden vorgelegt. 31 der Probanden wählten Miss Beauty als das attraktive Gesicht. Entsprechend ist also der Durchschnitt der schönsten Gesichter attraktiver als der ganze Durchschnitt aus allen. Es kommt also darauf an welche Qualität, also wie attraktiv, die verwendeten Originalbilder sind. Diese Feststellung spricht gegen die Durchschnittstheorie von Langlois und Roggman.

Nach dieser Untersuchung haben Perett, May und Yoshikawa noch eine weitere darauf aufbauende Untersuchung durchgeführt. In dieser wurden die Unterschiede zwischen Miss Mix und Miss Beauty gemessen. Wie z. B. der Abstand zwischen Nasenspitze und Oberlippe und dieser wurde dann um 50 Prozent verstärkt. Daraus entstanden ist dann eine Karikatur (Miss Quasimodo) (s. Kapitel 4.1.10.). Der Hintergedanke der drei Psychologen war durch das Verstärken der Unterschiede ein noch attraktiveres Gesicht zu produzieren. Dieses Mal konnten die Probanden zwischen Miss Beauty und Miss Quasimodo wählen. Miss Quasimodo gewann. Die Testpersonen bestätigten diesen Gedanken mit 29 von 36 Stimmen. Dieses Ergebnis zeigt, dass der Durchschnitt zwar schöner wirkt als ein Original, aber wiederum nicht so attraktiv ist wie eine optimierte Version des Durchschnittsbildes (vgl. Rehm, 1994). Das wiederum bestätigt die Aussagen von S. 30, wo es um die Perfektion in den Medien ging.

Dass Miss Beauty gegen Miss Mix gewonnen hat, lässt sich dahingehend erklären, dass bei Miss Beauty nur Bilder genutzt wurden, die von den Testpersonen schon als attraktiver bewertet wurden als die restlichen anderen 45 Bilder. Die bei Miss Mix genutzten anderen 45 Bilder verschlechterten das Ergebnis, weil sie unattraktiver waren als die auf den 15 vorderen Rängen. Etwas schlechteres verringert den Durchschnitt. Entsprechend gewann Miss Beauty gegen Miss Mix, weil bei ihr keine Bilder enthalten waren, die den Durchschnitt runtergesetzt haben durch Anomalien.

Genau zu dieser Aussage kam auch die Studie von vier Nachwuchsforschern von der Universität Regensburg im Jahr 2001. In ihrer Studie morphten sie 64 Frauengesichter und 32 Männergesichter, die standardisiert abgelichtet wurden (Haare nach hinten, weißes T-Shirt, etc.). Diese wurden schon vorab auf ihre Attraktivität hin überprüft und gerankt. Alle Gesichter, eine weibliche eine männliche Version, sind im Endbild zu gleichen Teilen enthalten. Dafür wurden immer aus zwei Bilder (die ähnlich attraktiv waren) ein neues Bild gemorpht mit Hilfe eines Computerprogramms namens Morpher 3.0. Dieser Prozess wurde immer weitergemacht, bis alle Bilder in einem einzigen Composite zusammengestellt waren. Dabei wurden übereinstimmende Referenzpunkte auf beiden Gesichtern gesetzt. Insgesamt waren es 250 pro Gesicht. Durch diese ausführliche Arbeit sehen die Composites wie fast echte, reale Gesichter aus. Die bis dahin gegebenen Composite von Gesichtern in den letzten Jahren waren von der Qualität um einiges sehr schlechter als ihre Originale. Mit diesen realen Composites wurde der Versuch von Langlois und Roggman wiederholt, um zu überprüfen, ob die Durchschnittshypothese wirklich existiert (s. S. 32f) (vgl. Gründl, o.J.c). Es zeigt sich das die These von Langlois und Roggman im Ansatz besteht, aber es zeigt auch das die Behauptung von Perett, May und Yoshikawa, das Durchschnittlichkeit nicht das oberste Maß für die Schönheit ist (Untersuchung Miss Beauty und Miss Mix S. 34f), auch besteht. Genau wie bei Perett, May und Yoshikawa sind hier Durchschnittsgesichter attraktiver, die auch aus attraktiven Originalbildern bestehen. In der Durchschnittshypothese geht es aber darum, dass das Bild am attraktivsten ist, in dem die meisten Bilder gemorpht sind. Entsprechend widerspricht das Ergebnis der Durchschnittshypothese (vgl. Gründl, o.J.a).

4.1.2.3 Merkmale schöner Gesichter

Die richtigen Proportionen von Gesichtern waren schon in der alten Antike wichtig. Es gab verschiedene Proportionslehren, wie die des römischen Architekten Vitruv. Diese beinhaltete eine gleichmäßige Drittelung des Gesichts in der horizontalen. (vgl. Renz, 2006, 50).

Zu diesem Thema gab es in der Uni Regensburg eine Untersuchung, die die Merkmale für ein attraktives Gesicht suchte. Als Basis dienten für das Experiment gemorphte Durchschnittsbilder (männlich und weiblich), die aus den Bildern der attraktivsten bzw. unattraktivsten Gesichter erstellt wurden. Diese stammten aus einer Voruntersuchung. Die Testpersonen sollten Unterschiede zwischen dem attraktiven und dem unattraktiven Gesicht nennen (vgl. Gründl, o.J.g; Jäger, 2013, 112f).

Mann	Frau
• dunklere Augenbrauen • mehr und dunklere Wimpern • obere Gesichtshälfte im Verhältnis zur unteren breiter • keine Geheimratsecken • keine Falten zwischen Nase und Mundwinkeln • vollere Lippen • symmetrischer Mund • markanter Unterkiefer • markanteres Kinn	• dunklere, schmalere Augenbrauen • mehr, längere und dunklere Wimpern • keine Augenringe • schmalere Nase • vollere, gepflegtere Lippen
beide	
• schmalerer Hals • braunere Haut • schmaleres Gesicht • weniger Fettansatz • höhere Wangenknochen • kleinerer Abstand zwischen Augenlid und Lidfalte	

Tabelle 1: Attraktivitätsmerkmale

(Quelle: http://www.beautycheck.de/cmsms/index.php/merkmale-schoener-gesichter)

Mit Hilfe der Seite *FaceFacts* wurden verschiedene weibliche CG-Charaktere zu zwei Durchschnittsgesichtern errechnet aus mehr als 10 Gesichtern (s. Abb. 10).

Abbildung 10: Durchschnittsgesichter weibliche CG-Charaktere

(Quelle: http://facefacts.scot/#average)

Links	rechts
+ dunklere, schmalere Augenbrauen	- dunklere, schmalere Augenbrauen
+ mehr, längere und dunklere Wimpern	- mehr, längere und dunklere Wimpern
+ keine Augenringe	+ keine Augenringe
+ schmalere Nase	- schmalere Nase
- vollere, gepflegtere Lippen	- vollere, gepflegtere Lippen
+ schmalerer Hals	- schmalerer Hals
+ braunere Haut	+ braunere Haut
- schmaleres Gesicht	- schmaleres Gesicht
+ weniger Fettansatz	+ weniger Fettansatz
- höhere Wangenknochen	- höhere Wangenknochen
+ kleinerer Abstand zwischen Augenlid und Lidfalte	+ kleinerer Abstand zwischen Augenlid und Lidfalte

Tabelle 2: Attraktivitätsmerkmale CG-Durchschnittsgesichter

(Quelle: http://www.beautycheck.de/cmsms/index.php/merkmale-schoener-gesichter)

Wird nun auf diese Gesichter die Tabelle 1 von Seite 36f angewendet, ist nach dessen Analyse das linke Bild ein Prototyp für ein schönes Gesicht und das rechte Bild ein Prototyp für ein nicht so schönes Gesicht. Zur Veranschaulichung wurde die Tabelle 2 grafisch noch mal dargestellt.

4.1.2.4 Haut

Ein Nebeneffekt des morphens von Bildern zu einem Durchschnittsgesicht ist, das unschöne Asymmetrien, Unregelmäßigkeiten, Fältchen und Hautunreinheiten dadurch korrigiert werden (s. Abb. 11). Durch diese Veränderung der Hautoberfläche erscheinen die Gesichter jünger und makelloser (vgl. Gründl, o.J.a). Die Haut ist ei n wurde, zeigt das das n wichtiger Indikator für die Attraktivität von Gesichtern. Gründl sagt das ein Gesicht ohne Textur[8], also ein Schattenbild, genauso attraktiv bewertet wird, wie ein Composite in dem dieses Gesicht vorkommt. Teilweise wurden in dem Experiment von Gründl Composites mit weniger Bildern attraktiver bewertet als Composites mit deutlich mehr Bildern (vgl. Gründl, 2011, 34). Entsprechend erhöht sich der Effekt der Durchschnittlichkeit bei Zuhilfenahme von einer Textur laut Gründl. Ausgehendes Material waren ein Gesichtsprofil mit Haut und ein Schattenprofil (Scherenschnitt). Das Ergebnis dieses Experiments ergab, dass die gemorphte Textur der Haut der Profilbilder mehr

---

[8] oberflächige Darstellung, Beschaffenheit des Objekts

als fünfzig Prozent den Effekt der Attraktivität fördert bei den Durchschnittsbildern. Entsprechend ist also weniger als die Hälfte auf die durchschnittlichen Proportionen der Profilgesichter zurückzuführen. Laut Gründl ist dieses Ergebnis entsprechend auch auf eine Frontalansicht übertragbar (vgl. Gründl, 2011, 76f).

Auch Alley und Cunningham sind der Meinung, dass diese Durchschnittsgesichter nur attraktiver als ihre Originale sind, weil sich im Verlauf des morphens die Hautstruktur so verändert hat, das nur noch eine weiche, unscharfe Oberfläche zurückgeblieben ist als Haut und alle Unreinheiten dadurch verschwunden sind (vgl. Alley u. a., 1991, 123f).

Ein anderes Experiment von Gründl über die Haut, bei denen die Textur der Haut konstant gehalten wurde, zeigt, dass das angepasste Durchschnittsgesicht von den Proportionen her lediglich attraktiver ist als ein unattraktives proportioniertes Gesicht. Dafür gesehen wurden die Gesichter, drei unattraktive und drei attraktive, an die Durchschnittsgesichter angepasst. Die Hautstruktur wurde nicht gemorpht. Die Anpassung betrug fünfzig Prozent der Gesichtsproportionen des Durchschnittsgesichts. Dahingehend wirken bei der attraktiven Version der Gesichtsproportionen beide Gesichter gleich stark attraktiv. Das angenäherte Gesicht an das Durchschnittsgesicht wirkt nicht attraktiver als das Original. Als Ergebnis ergibt sich also, dass die Proportionen eines Durchschnittsgesichts nur schöner sind gegenüber einem unattraktiven proportionierten Gesicht aber nicht gegenüber einem attraktiven proportionierten. Daraus folgert er, dass die Proportionen nicht der alleinige Auslöser für die höhere Attraktivität bei Durchschnittsbildern sind, sondern dieser auch in der makellosen und glatten Hautoberfläche liegt. Aufgrund dessen vergleicht er ein Gesicht mit identischen Proportionen aber mit unterschiedlicher Oberflächenstruktur der Haut. Als Ergebnis zeigt sich das die gemorphte Haut das Gesicht für den Betrachter/ die Betrachterin attraktiver aussehen lässt (vgl. Gründl, o.J.b).

Das Gesicht in der Forschung

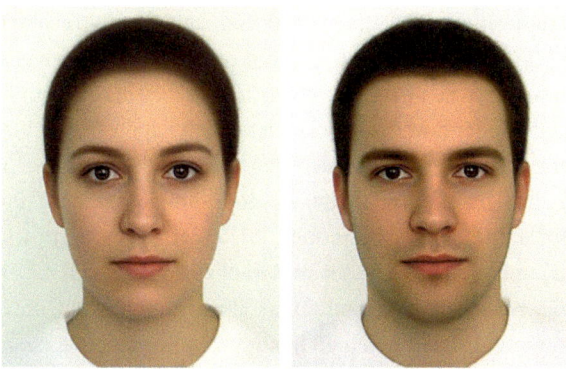

Abbildung 11: Durchschnittsgesichter aus 64 (l.) und 32 (r.) Einzelgesichtern
(Quelle: http://www.beautycheck.de/cmsms/index.php/durchschnittsgesichter)

Dass der Betrachter/ die Betrachterin ein Gesicht durch eine reine, makellose Textur der Hautoberfläche attraktiver findet, hat eine ganz simple biologische Komponente. Gesunde makellose Haut, die frei von Hautunreinheiten ist, zeigt dem Betrachter/der Betrachterin, dass der Betrachtete/ die Betrachtete ein gesundes Hormon- und Immunsystem hat. Ungesunde Haut dagegen wirkt auf den Betrachter/ die Betrachterin abstoßend. Diese Begebenheiten zeichnen Person somit also zu potenziellen Partnern aus für Fortpflanzungszwecke, da mit der gesunden Haut signalisiert, wird das die betroffene Person kein Krankheitsträger in sich trägt (vgl. MacDorman u. a., 2006, 311).

Abbildung 12: Gru und Agnes Despicable Me
(Quelle: https://www.pinterest.at/pin/382735668307019933/)

Wird dieser Prozess nun im Ganzen betrachtet, lassen sich die Informationen dieses Phänomen der Hauttextur mühelos auf einen CG-Charakter übertragen. Durch eine makellose und reine Haut wird die Aufmerksamkeit des Betrachters/ der Betrachterin auf den CG-Charakter gelenkt. Mit Hilfe spezieller Render, wie z. B. V-ray oder Renderman, wird für den CG-Charakter eine gesunde Haut simuliert, die frei von Hautunreinheiten oder zu großen Poren ist. Somit hat der Betrachter/ die Betrachterin eine sehr starke Motivation sich den CG-Charakter genauer zu betrachten durch sein biologisches Verhalten. In der Abbildung 12 ist der 3D-Animationsfilm *Despicable Me (Illumiantion, 2010)* zu erkennen. Die CG-Charaktere Gru (links) und Agnes (rechts) sind darauf zu sehen. Die Hauttexturen der beiden CG-Charaktere weisen ein ebenes, makelloses Hautbild auf, obwohl es sich hier um einen starken Altersunterschied handelt von Erwachsenen und Kind. Keine Hautunreinheiten oder Falten mindern das Hautbild der beiden Charaktere, was die Aufmerksamkeit mindern würde.

4.1.3 Kindchenschema

Kleinkinder besitzen eine Ausstrahlung, die unwiderstehlich ist für Erwachsene. Diese Art der Ausstrahlung der Reize veranlasst den Betrachter/ die Betrachterin mit einer Art Beschützerinstinkt zu reagieren. Dieses Phänomen bezeichnet sich als Kindchenschema. Den Namen hat der Verhaltensforscher Konrad Lorenz geprägt. Dieses Verhalten des Betrachters/ der Betrachterin wird durch bestimmte Merkmale in dem Gesicht des Betrachteten/der Betrachteten ausgelöst. Diese sind physische Merkmale, die zu einem Kleinkindergesicht gehören (vgl. Lauster, 1985, 23). Diese Merkmale wirken beschwichtigend und aggressionshemmend um das schutzlose Kleinkind zu schützen vor den eigenen Eltern wie auch vor Fremden. Dieses Verhalten lässt sich nicht nur bei menschlichen Kleinkindern erkennen. Auch Tierkinder fallen unter dieses Phänomen. Dieser Mechanismus hat einen einfachen biologischen Hintergrund. Ohne dieses Verhalten der Erwachsenen wäre ein Überleben des Kleinkindes nicht gewährleistet. Das Kleinkind muss seinen Betrachter/ seine Betrachterin mit Hilfe seines physischen Erscheinungsbildes also so manipulieren das dieser/ diese es beschützt und ihm helfen will. Egal ob blutsverwandt oder nicht (vgl. Renz, 2006, 55f). Charakteristische Merkmale des Kindchenschemas sind nach Konrad Lorenz: ein großer Kopf, eine große Stirn, eine kleine kurze Nase, große runde Augen, runde Wangen und einen kleinen zierlichen Unterkiefer. Insgesamt liegen die Augen, die Nase und der Mund ziemlich weit unten im Gesicht. Diese physischen Merkmale veranlassen also den Betrachter/ die Betrachterin dazu ein Kleinkind wie auch Jungtiere niedlich und süß zu finden (vgl. Gründl, o.J.f). Dieses Phänomen des Kindchenschemas findet sich auch viel in der Industrie bei Spielzeugen und Unterhaltungsmedien. Je mehr die Merkmale übertrieben werden, desto stärker ist der Effekt auf den Betrachter/ die Betrachterin. Dabei scheint es keinerlei Grenze zu geben für die Übertreibung der Merkmale (vgl. Renz, 2006, 56f). Die physischen Merkmale sind so prägend für den Betrachter/ die Betrachterin, dass diese auch bei einem Gesicht einer erwachsenen Person das Gefühl auslöst, das diese eine Persönlichkeit aufweist, die kindlich, arglos, unschuldig, freundlich, naiv und emotional wärmer ist (vgl. Braun u. a., 2001, 7f). Solche erwachsenen Individuen, mit Kennzeichen eines Kindchenschemas, haben es schwerer als ernsthaft und verantwortungsbewusst wahrgenommen zu werden. Ihn werden durch den ersten Eindruck (s. S. 27) die oben gelisteten Merkmale zugeschrieben. Auch wenn diese nicht zutreffen (vgl. Isbister, 2006, 10). Als Erklärung für diese Assoziation von Unreife bei solchen Personen ist wahrscheinlich die Verallgemeinerung der Persönlichkeitsmerkmale von Kindern. Ebenso werden Personen mit diesen äußerlichen Merkmalen für jünger gehalten (vgl. Argyle, 2013, 173).

Forschungen haben ergeben, dass ein hoher Prozentsatz der Testpersonen Bilder von Frauengesichtern mit einem Anteil von kindlichen Merkmalen bevorzugen und attraktiver finden. Die Untersuchung hat gezeigt das vor allem das Merkmal des kleinen Kinns starke Auswirkung auf das Urteil der Testpersonen hatte. Auf dem zweiten Platz folgte die kleine kurze Nase (vgl. Gründl, o.J.f). Diese Phänomene von Kindermerkmalen und Gesichtern von erwachsenen Frauen haben einen einfachen evolutionstechnischen Hintergrund. Die Veränderungen in der Pubertät bei Jungen und Mädchen sind unterschiedlich stark. Bei Mädchen bleibt das Gesicht von vor der Pubertät zu Teilen erhalten. Wohingegen Jungen eine starke Veränderung mitmachen (vgl. Renz, 2006, 59). Dahingegen werden solche physischen Merkmale eines Kindchenschemas bei Männern als eher unattraktiv gewertet (vgl. Argyle, 2013, 173).

4.1.4 Reifezeichen

Entgegengesetzt dem Kindchenschema findet sich die Reifekennzeichnung. Diese zeichnet sich durch physische Merkmale im Gesicht aus, die die Person erwachsen wirken lassen. Je nachdem, ob es sich um einen weiblichen oder männlichen Menschen handelt, geht es um verschiedene Ausprägungen von Merkmalen. Bei weiblichen Personen gehen die physischen Merkmale in Richtung hohe, hervortretende Backenknochen und schmale Wangen. Für männliche Vertreter sind es physische Merkmale wie ein großes Kinn, hohe Backenknochen, tiefe Brauen, schmale Augen, schmale Lippen und starker Bartwuchs. (vgl. Braun u. a., 2001, 8).

Die Abbildung 13 von Elsa aus *Frozen* (Disney, 2013) zeigt im oberen Bild das originale Design des Charakters mit Kindchenschema (große runde Augen, großer Kopf, kleine kurze Nase, runde Wangen und kleiner zierlicher Unterkiefer) (s. S. 41). Dominierend in diesem Bild sind die großen runden Augen vom Kindchenschema wie das Kinn und die kleine Nase. Dadurch wirkt Elsa kindlich, arglos, unschuldig und freundlich (s. S. 41).

Das untere Bild von Abbildung 13 zeigt eine editierte Version von Elsas Gesicht. Hier wurden die übertriebeneren Merkmale des Kindchenschemas auf eine anatomisch korrektere Ebene abgestuft. Geändert wurde die Größe der Augen, die Breite des Gesichts und die Form des Kopfes. Durch diese Veränderung ist die Ausstrahlung von Elsa nicht mehr kindlich und unschuldig (vgl. TheNamelessDoll, o.J.). Elsa wirkt im Umkehrschluss nun reifer und erwachsener. Es treten jetzt mehr Reifekennzeichen in ihrem Gesicht hervor durch das Reduzieren des Kindchenschemas. Durch die Schmälerung des Gesichts treten die Wangenknochen optisch etwas stärker hervor. Dadurch entsteht ein wenig von der Wirkung eines Reifezeichens.

Abbildung 13: Elsa Frozen (Disney, 2013), original und editiert

(Quelle: http://thenamelessdoll.tumblr.com/post/120383619131/did-elsa-too-3-no-more-baby-face-for-our)

4.1.5 Ausdruckszeichen

Unter den Ausdruckszeichen verstehen sich Signale, die der Betrachtete/ die Betrachtete an seinen Betrachter/ seine Betrachterin sendet, um ihm/ ihr seinen/ ihren momentanen Zustand zu vermitteln. Solche Signale sind Zeichen des Ausdrucks, positive oder negative Emotionen und andere soziale Verhaltensweisen (vgl. Braun u. a., 2001, 8). Sie ist laut Cunningham die dritte Komponente für die Formel für Attraktivität neben dem Kindchenschema und dem Reifezeichen. Solche Zeichen, die den Betrachter/ die Betrachterin ein positives Gefühl vermitteln, sind ein freundliches Lächeln, weite Pupillen und hohe Augenbrauen. Ein Lächeln wirkt auf den Betrachter/ die Betrachterin immer gastfreundlicher als ein neutrales Gesicht oder ein Gesicht, was Verärgerung ausstrahlt. Dieses Potenzial nutzen vor allem weibliche Gesichter. Männliche Gesichter hingehend lächeln nicht so oft.

Die hohen Augenbrauen senden permanent ein Zeichen des „willkommenssein" aus. Das lässt sich auf das angeborene „Augenbrauenblitzen" zurückführen. Die Augenbrauen heben sich bei der Begrüßung und vergrößern so kurz das Auge. Übertrieben wird diese mimische Geste bei einer Kommunikation mit Babys vom Beobachter/ der Beobachterin dargestellt (vgl. Renz, 2006, 62f).

4.1.6 Augen und Augenbrauen

Der Bereich der Augen ist bei der Wahrnehmung von Gesichtern der wichtigste Bereich. Der erste Anhaltspunkt, ob der Betrachtete/ die Betrachtete freundlich oder ablehnend gegenüber dem Beobachter/ der Beobachterin eingestellt ist, zeigt sich hier. Wie schon auf Seite 19 erwähnt sind die Augen „das Fenster zur Seele". Dieser Zustand ist ganz stark ersichtlich bei dem Vergleich von Gesichtern mit Sonnenbrille und ohne Sonnenbrille. Durch die Sonnenbrille wird der Beobachter/ die Beobachterin gezielt daran gehindert Informationen über die Attraktivität wie auch über den Gefühlszustand zu erhalten (vgl. Gründl, o.J.h). Diese Art des Verbergens zeigt, wie wichtig der Bereich der Augen ist, um eine Identifikation durchzuführen. Die allseits bekannten schwarzen Balken zum unkenntlich machen eines Gesichts verdeutlichen dies. Über die Augen kann der Beobachter/ die Beobachterin viel lernen, speziell über die Pupille. Die Pupille ist ganz genau genommen das eigentliche Fenster zur Seele. Die Größe der Pupille sagt aus, ob der Mensch oder Charakter gelangweilt (kleine Pupillen) oder aufmerksam ist (große Pupillen). Forscher fanden bei einem Versuch heraus, dass größere Pupillen von den Testpersonen als attraktiver empfunden wurden. Diese wurden auch als netter und freundlicher befunden. Dieses Zeichen der Attraktivität gilt für Männer wie für Frauen (vgl. Renz, 2006, 64f).

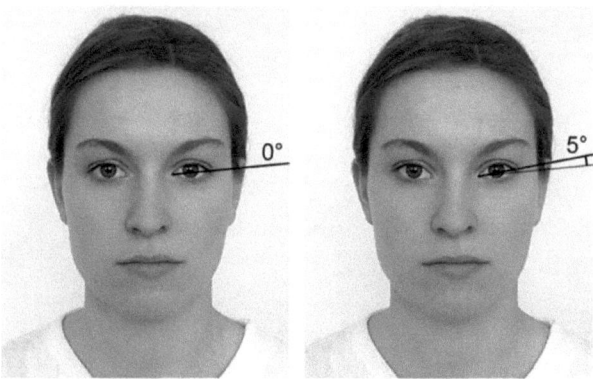

Abbildung 14: Augenachse normal und mit 5 Grad

(Quelle: http://www.beautycheck.de/cmsms/index.php/augen-und-brauen)

Ein anderes Experiment, welches von Gründl gemacht wurde, handelt über den Trend der „Jaguar-Augen" (s. Abb. 14). Bei diesem Trend geht es um eine angehobene äußere Augenachse von Frauen. Eine leicht schräge Augenachse ist ein typisches Merkmal für Jugend, da im zunehmenden Alter das Gewebe und der Augenwinkel der Außenseite seine Elastizität verliert und absackt. Mit dem Test wurde versucht herauszufinden, ob eine leichte Schräge die Augen attraktiver machen würden. Dafür wurden sieben Frauengesichter in einer Originalversion und in einer zweiten Version mit gedrehter Achse von fünf Grad den Testpersonen (15 bis 84 Jahre alt, männlich und weiblich) im Zweiervergleich vorgelegt. Das Ergebnis war nicht eindeutig für eine Seite. Jüngere Testpersonen bevorzugten die schräge Augenachse (bis 19 Jahre). Ältere Testpersonen (ab 50 Jahre) bevorzugten die gerade Augenachse. Die 20 bis 50-Jährigen hatten keine klare Neigung. Fest steht, dass beide Arten der Augen Befürworter haben (vgl. Gründl, o.J.h).

Das Gesicht in der Forschung

Abbildung 15: Augen und Brauen

v.l.: Bell Beauty and the Beast (Disney, 1991), Anna Frozen (Disney, 2013), Merida Brave (Pixar, 2012), Tiana The Princess and the Frog (Disney, 2009), Astrid How to Train Your Dragon 2 (DreamWorks, 2014), Elsa Frozen (Disney, 2013), R

(Quellen: http://facefacts.scot/#average
http://vignette4.wikia.nocookie.net/parody/
images/e/ef/Disney_fairy_tinker_bell_1920x1080.jpg/revision/
latest?cb=20161022065732,
https://vignette3.wikia.nocookie.net/rio/images/7/77/Linda_and_blu_looking.png/revision/latest?cb=20140817040409&path-prefix=ru,
https://vignette.wikia.nocookie.net/rise-of-the-brave-tangled-dragons/images/
2/2b/Mavis_Wedding_Bride.png/revision/latest?cb=20151010051539,
http://cubimension.net/blog/wp-content/uploads/2011/05/Cloudy-With-A-Chance-of-Meatballs-cloudy-with-a-chance-of-meatballs-8210845-1200-668.jpg,
https://c2.staticflickr.com/4/3665/9186179743_7f4396f913_b.jpg)

Bei weiblichen CG-Charakteren lässt sich, wie in Abbildung 15 zu sehen ist, bei manchen eine leichte Tendenz erkennen von angehobenen äußeren Augenachsen. Wobei auch weiblichen Figuren dabei sind, deren Augen so gut, wie gar keine schräge äußere Achse aufweisen. Bei gezeichneten 2D-Charakteren wiederum ist ein stärkerer angehobener äußerer Augenwinkel zu verzeichnen. Zur besseren Sichtbarkeit wurde in der Abbildung 15 die Augenachse mit einer roten Linie visuell hervorgehoben.

Wie bei dem Experiment von Gründl scheint es nicht eindeutig zu sein, welche Variante der Achse besser ist für den Betrachter/ die Betrachterin, um die Attraktivität zu steigern. Gründl erläutert auch, dass es sein kann, dass dieses Phänomen komplizierter ist, als es auf den ersten Blick scheint. Denn bei seinem Experiment gab es auch zwei Gesichter mit schrägen Augen, die nicht attraktiv waren für die jüngeren Testpersonen. Er spekuliert, dass nicht zu jedem Gesicht eine schräge Augenachse passt.

Ebenso führte Gründl ein Experiment für die Attraktivität von weiblichen Augenbrauen durch. Dabei wurden den Testpersonen (12 bis 85, männlich und weiblich) drei Gesichter vorgelegt mit drei Varianten von Augenbrauen. Insgesamt gab es sieben verschiedene Gesichter mit den jeweils drei Augenbrauenvarianten (vgl. Gründl, o.J.h). Die drei Varianten:

> Bogenförmige Augenbrauen mit einem Maximum in der Brauenmitte.
>
> "Klassische" Brauenform, bei der die Brauen über zwei Drittel ansteigen und dann im äußeren Drittel der Braue abfallen.
>
> Tief liegende Brauen. Von der Form identisch mit den "klassischen" Brauen, jedoch nach unten verschoben. (Gründl, o.J.h)

Tendenziell wird die klassische Augenbraue am attraktivsten gewertet. Das Ergebnis ist aber teilweise auch wie bei den schrägen Augen altersabhängig. Ältere Testpersonen (über 30 Jahre) fanden die bogenförmigen Augenbrauen schöner. Unter 30-Jährige im Gegensatz die tiefer liegenden Augenbrauen. Somit gibt es bei den Augen und bei den Augenbrauen keine klare Mehrheit bezüglich der Form. Diesen Trend der Augenbrauen lässt sich auch im Bereich der Models finden. Das Model Gisele Bündchen hat eine klassische Augenbrauenform, wohingegen ihre Kollegin Carmen Kass die tiefer liegende Augenbraue besitzt. Hingegen findet sich die bogenförmige Augenbraue in den 20er und 30er Jahren wieder. Ein klassisches Beispiel solch einer Augenbraue war Greta Gabo (vgl. Gründl, o.J.h).

CG-Charaktere sind genauso, wie bei den Augen auch zwischen den „Arten" aufgeteilt. Auf der Abbildung 15 hat Tinker Bell z. B. eine bogenförmige Augenbraue, Elsas Augenbrauen tendieren wiederum mehr zu der klassischen Augenbrauenform. Annas Augenbrauen sind dagegen, laut der Definition, tief liegende Augenbraue.

4.1.7 Stereotypen

Wie schon kurz auf S. 29 und folgende angeschnitten, handelt es sich bei Stereotypen um vorgefertigte Meinungsbilder über Menschen. Der Begriff Stereotyp war eigentlich ein Wort, was von dem Bereich des Buchdruckes herkommt. Dort verstand es sich als Begriff für einen fest gegossenen Letter. Durch Lippmann fand der Begriff Einzug in die Sozialwissenschaft. Er steht für das Bild, was ein Betrachter/ eine Betrachterin hat über eine bestimmte physische Erscheinung (vgl. Henss, 1992, 58). Dieser Begriff lässt sich auch im griechischen finden, wo er „starres Muster" bedeutet (vgl. IKUD, 2009).

Der Betrachter/ die Betrachterin hat in seiner/ ihrer Meinung feste gegossene Muster, wie z. B. das eine intellektuelle Person eine hohe Stirn besitzt. Von diesen vorgefertigten Mustern besitzt der Betrachter/ die Betrachterin einen fast endlosen Vorrat an Varianten. Diese Muster stützen sich neben Audio auf visuelle Begebenheiten, wobei diese nicht im Zusammenhang miteinander stehen müssen (vgl. Renz, 2006, 191f). Sie dienen dem Betrachter/ der Betrachterin zur besseren Überschaubarkeit und Einsortierung eines bestimmten visuellen Typus in Kategorien. Sie sollen helfen die komplexen Massen an Reizen zu einem vereinfachten Bild zusammenzufassen, was schneller und besser vom Betrachter/ der Betrachterin verarbeitet werden kann und somit eine sehr schnelle Beurteilung entstehen kann. Sie sind eine Art Energie- und Zeitersparnisprinzip. Dieser Prozess sucht unbewusst also nach bestimmten Merkmalen in den gesendeten Reizen seines Gegenübers und stellt einen Abgleich mit den abgespeicherten Merkmalen der Stereotypen her nach dem Prinzip Bottom-Up und Top-Down (s. S. 11f). Ist ein Stereotyp gesetzt, werden Qualitäten übersehen, die nicht zu diesem Typus passen (Energieeffizienz). Somit sind Stereotypen eine wichtige Funktion für das alltägliche Leben (vgl. Isbister, 2006, 12f). Diese Tendierung zu einem bestimmten Stereotyp wiederum beeinflusst die Meinung, die der Betrachter/ die Betrachterin hat. Durch das Hinnehmen des Stereotyps ohne zu hinterfragen entsteht ein Vorurteil, welches begleitet wird von einer Emotion und somit eine Wertung in dem Betrachter/ die Betrachterin auslöst. Zu einem hohen Quotienten sind Vorurteile negativ behaftet (vgl. IKUD, 2009). Diese Einsortierung bildet sich bei der ersten Begegnung (s. S. 27) (vgl. Isbister, 2006, 12).

Beim Vorurteil werden Stereotype bzw. Eigenschaftszuweisungen somit mit Bewertungen verknüpft, die das Wahrnehmen, Verhalten und die Interpretation steuern. Dadurch wird deutlich, dass sich Stereotype von Vorurteilen unterscheiden (...). (IKUD, 2009)

Die Wissenschaft unterscheidet in zwei verschiedene Stereotypen. Diese wären die Heterostereotypen und die Autostereotypen. Der erste Stereotype dient zur Abgrenzung verschiedener Kulturen. Somit kann der Betrachter/ die Betrachterin durch den Heterostereotyp z. B. zwischen Japanern, Italienern und Franzosen unterscheiden. Der zweite, der Autostereotyp, bezieht sich auf die eigene Gruppe (vgl. IKUD, 2009).

Für das Gesicht selber gibt es eine Fülle von verschiedenen Meinungsbildern. Nach Margarete Kremanak haben Augenbrauen, die seitlich hochgezogen sind, mit engem Abstand, eine böse, introvertierte Ausstrahlung. Dahingegen sind gewölbte Augenbrauen mit weitem Abstand unintelligent und extravertiert.

Nach Maria Winkler sind abwärtsgerichtete Mundwinkel und breite Mundspalten bösartig. Eine schmale Mundspalte und abwärtsgerichtete Mundwinkel sind introvertiert. Dahingegen bei einer breiten Mundspalte und Mundwinkel aufwärts ist die Ausstrahlung leichtsinnig (vgl. Lauster, 1985, 30f).

Wirkung	Merkmale
schön	<ul><li>mittlere bis hohe Stirn</li><li>Augen und Mund in der Mittellage</li></ul>
hässlich	<ul><li>niedere Stirn</li><li>langes Gesicht</li><li>Mund tief</li><li>Augen hoch und eng, runde Brauen</li></ul>
sympathisch	<ul><li>gerader Mund in normaler Stellung</li><li>mittelhohe Stirn</li></ul>
unsympathisch	<ul><li>niedere Stirn</li><li>niederer Haaransatz</li><li>langes Gesicht</li><li>verkniffene Augen</li></ul>
gut	<ul><li>mittelhoher Haaransatz</li><li>gerader Mund</li><li>normale Lidöffnung</li></ul>

böse	• niedere Stirn • niederer Haaransatz • langes Gesicht • schmale Lidspalte
intelligent	• hohe Stirn • hoher Haaransatz • normale Stellung Mund und Augen • verdeckte Lidspalte • schmale Nase • anliegende Ohren
unintelligent	• niedere Stirn • niederer Haaransatz • langes Gesicht • große verkniffene Augen, runde Brauen

Tabelle 3: physiognomische Merkmale
(Quelle: vgl. Lauster, 1985, 30f)

Nach dieser Tabelle 3 ist der CG-Charakter Anton Ego (s. Abb. 16), aus dem Animationsfilm *Ratatouille* (Pixar, 2007,) ein hässlicher, unsympathischer, böser und intelligenter Charakter. Er weist das Merkmal langes Gesicht auf welches stereotypisch für negative Ausstrahlung (hässlich, unsympathisch, böse) steht laut Tabelle. Daneben besitzt er noch eine hohe Stirn und einen hohen Haaransatz, welche nach Tabelle für Intelligenz steht. Der tiefe Mund und das lange Gesicht gehören zu Kategorie hässlich.

Der CG-Charakter Anton Ego ist ein intelligenter, kultivierter, herrischer und bissiger Restaurantkritiker des Filmes (vgl. PixarWiki, o.J.).

Diese Analyse zeigt, wie wichtig Stereotypen als Bestandteil für das Design von Charakteren ist, analoge wie auch ihre digitalen Parts. Es wird sich das Prinzip der Zeitersparnis wie auch die der Energie ganz konkret zunutze gemacht. Somit wird Zeit gespart bei der Erkennung des CG-Charakters durch den Betrachter/ die Betrachterin bei seinem ersten Auftritt (vgl. Isbister, 2006, 12f). Denn durch die Zeitersparnis kann der Betrachter/ die Betrachterin diese frei gewordene Energie anderweitig nutzen.

Abbildung 16: Anton Ego Ratatouille
(Quelle: http://vignette2.wikia.nocookie.net/p_/images/4/43/Ego_on_the_left.jpeg/
revision/latest?cb=20160324154301&path-prefix=protagonist)

4.1.8 Symmetrie

Wie im Kapitel 3.4 Wahrnehmung von Gesichtern schon angerissen wurde, ist die Symmetrie das Element, was dem Betrachter/ der Betrachterin vermittelt, dass es sich bei seinem/ ihrem Gegenüber um ein Lebewesen handelt wie er/ sie selber ist (vgl. McCloud, 2007,59). Dieses Phänomen taucht immer auf bei einer vertikal gespiegelten Achse, also bilateral. Die Symmetrie selber begleitet das Verständnis der Attraktivität und Schönheit schon seit der Antike. Laut dem schottischen Psychologieprofessor David Perrett hilft die Symmetrie ein Gesicht attraktiv zu finden. Zu dieser Ansicht kam er nach dem Ergebnis einer Untersuchung, in der er digital unterschiedlich symmetrische Versionen derselben Gesichter machte. Die Testpersonen bevorzugten öfter die symmetrische Variante der Gesichter. Andere Experimente bestätigten diese Aussage, andere wiederum widerlegten die Aussage. Diese Widersprüchlichkeit der Ergebnisse zeigt auf, dass ein zu hoher Symmetrieprozentsatz eher schädlich ist für die Attraktivitätswahrnehmung (vgl. Renz, 2006, 49ffff). Der Mensch ist nicht perfekt symmetrisch. Viele Menschen weißen eine fluktuierende Asymmetrie auf. Diese sind minimale zufällige Abweichungen von der perfekten Symmetrie. Eine andere natürliche Abweichung ist die Richtungsasymmetrie. Unter diese Asymmetrie fällt unter anderem der Gesichtsausdruck. Konkret gesteuerte Mimiken sind nicht Hundert Prozent symmetrisch, sondern weisen leichte Asymmetrien auf (vgl. Etcoff, 2001, 182f). Gesichter, die zu symmetrischen sind, wirken leblos und starr. Im Gegenzug sind grobe Abweichungen der Symmetrie, wie eine schiefe Nase, schiefe Zähne oder ein schielendes Auge ebenso unattraktiv (vgl. Schuster, 1993, 18f). Diese symmetrischeren Gesichter werden von dem Betrachter/ die Betrachterin aufgrund der Biologie präferiert. Ein symmetrisches Erscheinungsbild sagt aus, das eine gesunde Entwicklung stattgefunden hat und der Betrachtete/ die Betrachtete bei guter Gesundheit ist (vgl. Jäger, 2013, 119f). Die häufigste Methode um Gesichter symmetrisch darzustellen, ist eine Gesichtshälfte zu spiegeln. Diese neuen Gesichter nennen sich Chimärengesichter. Durch diese Herangehensweise kommt es zu dem bereits schon erwähnten unnatürlich starren und leblosen Ausdruck des Gesichts. Sie sind maskenhaft und geisterhaft. Ebenso führt dieses Verfahren dazu, das Asymmetrien symmetrisch werden. Muttermale oder andere Auffälligkeiten, die optisch negativ konnotiert sind, werden gespiegelt. Um dieses Ergebnis zu umgehen, wird das ganze Gesicht kopiert und um die vertikale Achse gespiegelt und ineinander gemorpht (vgl. Braun u. a., 2001, 21). Diese Art von Symmetrie findet sich ebenso auch in den schon bereits vorweg erwähnten Durchschnittsgesichtern wieder. Der Erstellungsprozess lässt kleine Ungleichheit in der physischen Erscheinung, wie auch bei der Haut, durch die Morphing-Technologie verschwinden. Es hinterlässt ein symmetrisch wirkendes Durchschnittsgesicht (vgl. Henss, 1998, 60). Dabei wird aber auch wiederum die Haut makelloser, durch das ineinander morphen der Texturen. Mit der Methode von nur Beibehalten der Proportionen (wie bei dem Experiment mit der Haut und den Proportionen), ist laut Gründl die Symmetrie mitverantwortlich für Attraktivität jedoch nur in geringem Maße (vgl. Gründl, o.J.e).

> Gesichter, die sehr asymmetrisch sind, sind eher unattraktiv, aber sehr unattraktive Gesichter sind deswegen noch lange nicht automatisch asymmetrisch. (…) Sehr symmetrische Gesichter sind noch lange nicht attraktiv und sehr attraktive Gesichter zeigen durchaus Abweichungen von der Symmetrie. (Gründl, o.J.e)

Demzufolge ist also die Symmetrie nur in einem sehr erhöhten Maß an Asymmetrie unvorteilhaft für die Attraktivität. Solche unattraktiven Asymmetrien sind zugleich aber auch deutlich gesundheitliche Beeinträchtigungen für den Betrachteten/ die Betrachtete. (vgl. Gründl, o.J.e).

Es gibt auch asymmetrische Merkmale, die nicht gegen die Attraktivität arbeiten. Diese Merkmale erregen die Aufmerksamkeit des Betrachters/ der Betrachterin. Solche Merkmale sind Muttermale, Sommersprossen und solche, die nicht zu einer gesundheitlichen Beeinträchtigung führen. Sie geben dem Gesicht eine gewisse Lebendigkeit und Wärme (vgl. Renz, 2006, 52). Diese Abweichungen lassen sich unter der These der „broken symmetry" fassen (vgl. Schuster, 1993, 18).

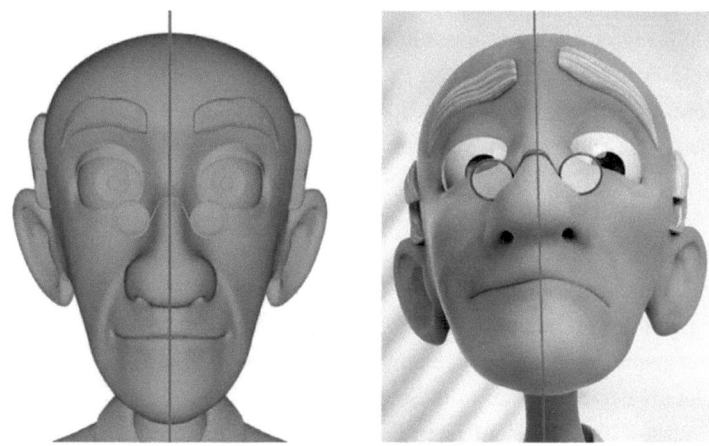

Abbildung 17: Charakter John When John Goes Outside Symmetrie

(Quelle: Butterfly, 2017)

Es ist also schon wichtig ein Gesicht symmetrisch zu erstellen für einen CG-Charakter, um es attraktiv zu halten. Die Methode in der 3D-Produktion, um eine Symmetrie zu garantieren, ist es von der vertikalen Gesichtsmitte aus nur eine Gesichtshälfte wirklich zu erstellen durch modelling und später durch technische Hilfe des 3D-Programms zu spiegeln. Somit besteht eine Grundbasis von Symmetrie. Die leichte Asymmetrie wird anhand der Hauttextur erstellt (Sommersprossen, Muttermal) (vgl. Jäger, 2013, 121f). Auf der Abbildung 17 ist der CG-Charakter John vom Masterprojekt *When John Goes Outside* (Butterfly, 2017) zu sehen. Auf dem linken Bild ist das Gesicht des Charakters komplett symmetrisch gehalten. Eine Seite des Gesichtes wurde gespiegelt, um eine Hundert prozentige Symmetrie im Gesicht zu erlangen. Das Gesicht wirkt im Moment noch etwas starr und leblos durch die Symmetrie. Auf dem rechten Bild ist der Charakter mit der fertigen Textur zu sehen. Über diese wurden nun leichte Asymmetrien eingefügt. Zu erkennen ist dies spontan an dem Muttermal unter der rechten Augenbraue. Weiterhin lässt sich diese Asymmetrie an der Stirn zwischen den inneren Augenbrauen erkennen. Das Muster der Haut folgt keinem symmetrischen Muster. Dieses Muster der Asymmetrie der Haut findet sich überall im Gesicht wieder, egal ob auf der Stirn, den Wangen, dem Kinn oder den Ohren. Dieser Effekt entsteht dadurch, dass es sich um eine handgemalte Textur für die Gesichtshaut handelt. Genau den gleichen Hintergrund haben auch die Texturen für die Augenbrauen. Durch die handgemalte Textur sind sie nicht zu Hundert Prozent symmetrisch. Ein anderer Effekt, der dem Betrachter/ die Betrachterin dabei hilft, dass das Gesicht lebendiger wirkt, ist die Mimik. Dabei ist die Mimik, wie bereits kurz erwähnt (s. S. 52), nicht zu Hundert Prozent symmetrisch. Wie auf dem rechten Bild von John zu sehen ist, ist die Mimik asymmetrisch gehalten. Genaueres zu dem Thema Mimik findet sich in dem Kapitel 4.2.2.

4.1.9 Freund oder Feind

Wie schon auf Seite 23 kurz angerissen, ist die Gabe zwischen Freund und Feind unterscheiden zu können sehr wichtig für das Sozialleben der Menschen. Dieses abschätzen von Freund oder Feind ist ein Prozess, der in den ersten Augenblicken einer Begegnung geklärt wird. Ebenso ist auch die Frage wichtig, ob er/ sie mächtiger ist als der Betrachter/ die Betrachterin. Denn Macht kann bedrohlich sein. Diese Fragen sind die wichtigsten Fragen, in Bezug auf den Urinstinkt für Bedrohungen. Aus diesen beiden Fragen haben Psychologen die Begriffe Verträglichkeit und Dominanz abgeleitet.

Verträglichkeit: eine Person ist freundlich und sozial empfänglich

Dominanz: eine Person, die meint ihr stünde eine höhere Position zu in der sozialen Hierarchie (vgl. Isbister, 2006, 23ff).

Bei der Verträglichkeit ist das Gesicht am Lächeln mit Augen und Mund und hält nicht zu intensiven Kontakt mit den Augen. Die Augen fixieren also nicht die Person gegenüber (vgl. Isbister, 2006, 27). Eine dominante Person hingegen hat einen sehr fixierenden Blick (vgl. Isbister, 2006, 31).

4.1.10 Karikatur

Wie schon auf Seite S. 34 und folgende durch das Experiment (Miss Quasimodo) von Perett, May und Yoshikawa angeschnitten wurde, sind Durchschnittsgesichter zwar attraktiv aber nicht die attraktivsten. Also wenn bestimmte Merkmale vom Durchschnitt abweichen. Auch Cunningham und Alley sind dieser Meinung. 1991 erschien ein Artikel der beiden Forscher in der *American Psychological Society*. Dieser hatte den Titel *Averaged Faces are attractive, but very attractive Faces are not average*. Darin schrieben sie, dass Durchschnittsgesichter schon einen gewissen Grad an Attraktivität besitzen. Doch wirklich attraktive Gesichter keine Durchschnittsgesichter sind. Wirklich attraktive Gesichter weichen von dem

Durchschnitt ab und heben sich somit von der Masse ab (vgl. Alley u. a., 1991, 123f).

In einem Experiment von Lisa DeBruine wurde das Durchschnittsbild einer Frau stark übertrieben (s. Abb. 18). Laut der Studie liegt der Punkt, ab dem der Betrachter/ die Betrachterin ein Gesicht für unattraktiv findet, ab einer Zufügung von 250 Prozent an Übertreibungen an den Merkmalen. Also in der Übertreibung bestimmter Merkmale im Gesicht, z. B. der Nase. In Richtung dieses Prozentwertes werden die Augen größer und die Augenbögen geschwungener. Im Gegensatz im negativen Prozentbereich sind die Gesichter maskuliner und unattraktiver für den Betrachter/ die Betrachterin. Renz meint das diese Gesichter durch die Übertreibung den Effekt haben mürrisch zu wirken auf den Betrachter/ die Betrachterin. Hingegen die Gesichter auf der anderen Seite der Skala freundlich wirken laut Renz. Auch lässt sich in dieser Darstellung von Übertreibungen im positiven Bereich das Kindchenschema erkennen. Je mehr Übertreibung im Gesicht stattfinden, desto mehr Kindchenschema ist in ihm zu finden (vgl. Renz, o.J, 14).

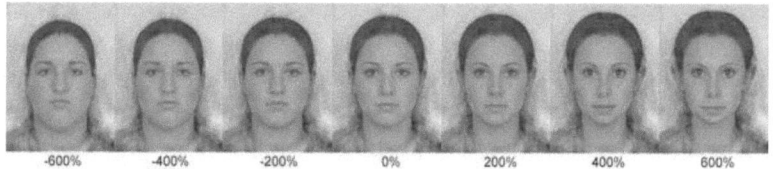

Abbildung 18: Übertreibung Durchschnittsgesichter, weibliches Beispiel

(Quelle: Renz, 2009)

Bei einem Experiment von Perrett konnte festgestellt werden, dass die Männlichkeit scheinbar nicht ausreichend ist, um ein männliches Gesicht als schön zu erachten. Dieses Ergebnis stammt von der Untersuchung, in der Perrett ein männliches wie ein weibliches Durchschnittsgesicht genommen hat und fünfzig Prozent Übertreibung und fünfzig Prozent Untertreibung hinzugefügt hat. Also einmal mit mehr Weiblichkeit (männlich und weiblich) und einmal mit mehr Männlichkeit (männlich und weiblich). Somit hatte er ein starkes, ein schwaches feminines Gesicht und ein starkes, ein schwaches maskulines Gesicht. Diese veränderten Gesichter wurden Testpersonen vorgelegt. Das weibliche Gesicht mit mehr Weiblichkeit schnitt positiv ab, was die Studie von DeBruine untermauert. Das männliche Gesicht mit mehr Weiblichkeit war auch attraktiver. Somit hilft die weibliche Schönheit, dem männlichen Gesicht attraktiver zu sein (vgl. Renz, 2006, 66).

4.2 Nonverbale Kommunikation

Die nonverbale Kommunikation ist die stumme Sprache des Körpers, die sehr intensiv im Gesicht zu finden ist (vgl. Argyle, 2013, 11). Um das Gesicht hinsichtlich seiner attraktiven Merkmale verstehen zu können, ist es notwendig zu verstehen, was genau diese Sprache dem Betrachter/ der Betrachterin sagen will. Im nachfolgenden Kapitel werden diese Eigenheiten der Sprache aufgeschlüsselt in Bezug auf das Gesicht.

4.2.1 Was ist nonverbale Kommunikation?

Neben der physischen Präsenz des Gesichts kann der Mensch und Charakter den Beobachter/ die Beobachterin auch über die nonverbale Kommunikation beeinflussen. Nonverbale Kommunikation ist eines der zentralen Elemente im menschlichen Sozialverhalten (vgl. Argyle, 2002, 13).

Sie besteht aus vielen verschiedenen Bereichen, wie unter anderem aus dem Blickverhalten, der Gestik, der Körperhaltung, dem Raumverhalten, der Kleidung, der nonverbalen Vokalisierung, dem Geruch und der Mimik (s. Kapitel 4.2.2.) die sich auf das Gesicht bezieht (vgl. Argyle, 2013, 11). Dabei ist das Gesicht das wichtigste Kommunikationsorgan, da dort alle wichtigen Empfangsorgane (sehen, hören, riechen, schmecken) wie auch Sendeorgane (sprechen) sitzen (vgl. Ekman, 1988, 7).

Die nonverbale Kommunikation begleitet den Menschen in allen möglichen Situationen mit. Dabei ist dem Menschen nur selten bewusst, wie stark diese nonverbalen Signale ihn beeinflussen. Die ausgesendeten nonverbalen Signale sind für den Betrachter/ die Betrachterin mehrdeutig zu interpretieren. Ein „versonnener" Blick kann bedeuten, dass die Person in geistiger Abwesenheit ist oder in einem Zustand hohem Interesse. Diese Mehrdeutigkeit macht es dem Betrachter/ der Betrachterin zwar an sich schwieriger zu einer bestimmten Interpretation zu tendieren, aber zu gleich wird ihm/ ihr eine Wahl gestellt, wie das Signal interpretiert werden kann, ohne dass dabei wie bei der Sprache eine endgültige Festlegung stattfindet. Dieses Verhalten der Verständigung zwischen Sender und Empfänger lässt ein Vergleich zu Sprache nahe. Dabei handelt es sich aber um einen sehr begrenzten Vergleich, da sich auf Basis von nonverbalen Signalen nur ganz wenige kommunikative Gespräche führen lassen. Solche sind, wenn welche die in der Gegenwart, im „jetzt", angesiedelt sind. Z. B. kann Hunger über nonverbale Signale vermittelt werden. Doch Erklärungen für Ereignisse, die erst später stattfinden, wie das Kino besuchen, sind ohne zusätzliche Hilfe über nonverbale

Kommunikation nicht so leicht zu erklären (vgl. Ellgring, 1986, 7f). Für diese Art der Kommunikation ist es unerlässlich das beide Parteien, Sender wie Empfänger wissen, was diese Signale bedeuten. Also den dahinterstehenden Code kennen und verstehen. Viele dieser Codes werden vom Sender (z. B. der CG-Charakter) unbewusst gesendet. Wiederum reagiert der Empfänger (der Betrachter/ die Betrachterin) ebenso unbewusst auf diese gesendeten Signale. Natürlich gibt es auch bewusst gesendete Signale an den Empfänger (vgl. Argyle, 2013, 14f). Nachfolgend ein Modell nach Argyle:

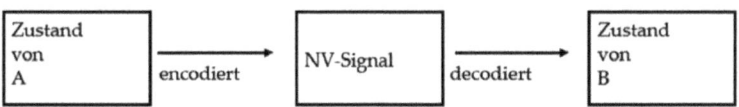

Abbildung 19: Modell der nonverbalen Kommunikation

(Quelle: Argyle, 2013, 12)

Der Sender (A) encodiert seinen Zustand zu einem nonverbalen Signal. Dieses wird vom Empfänger (B) decodiert. Bei diesem Vorgang können verschiedenste Szenarien auftreten, bei der Decodierung des nonverbalen Signals von Verstehen über nicht Verstehen bis hin zur Täuschungsabsicht. Dieser Kommunikationsaustausch von nonverbalen Signalen findet bei einer normalen Konversation in beide Richtungen statt (vgl. Argyle, 2013, 12f). Bei einer Konversation mit einer parasozialen Interaktion kann nur in eine Richtung nonverbale Signale geschickt werden (s. S. 23).

Nach Argyle gibt es verschiedene Funktionen, wie nonverbale Kommunikation kommuniziert. Diese sind: Äußerung von Emotionen, Mitteilung interpersonaler Einstellungen, Begleitung und Unterstützung von sprachlichen Äußerungen, Selbstdarstellung und Rituale (vgl. Argyle, 2013, 16).

Diese nonverbalen Signale sind ebenso eine Rückversicherung für die Unsicherheit des Senders und des Empfängers. So kann der Sender durch nonverbale Signale feststellen, ob der Empfänger z. B. aufmerksam ist (vgl. Ellgring, 1986, 15).

> Wenn jemand immer in der gleichen Weise reagiert, gleichgültig, ob er ärgerlich, freudig, interessiert etc. ist, so wird unsere Unsicherheit nicht vermindert werden können, wohl aber, wenn die Zustände sich in variablem Ausdrucksverhalten manifestieren. (Ellgring, 1986, 15)

Wenn, also die encodierten nonverbalen Signale immer wieder das gleiche sagen, reagiert der Empfänger mit Unsicherheit.

Ebenso ist auch die Doppelfunktion des Verständigungsmittels zu beachten. Damit ist unter anderem die „Stimmungsübertragung" mit gemeint. Die Stimmung des Senders überträgt sich auf den Empfänger. So wird die Unruhe des Senders auch zur Unruhe des Empfängers (vgl. Ellgring, 1986, 15f).

4.2.2 Mimik

Bei der Betrachtung von Gesichtern achtet der Betrachter/ die Betrachterin neben der Symmetrie, der Ausstrahlung, den physischen Merkmalen auch auf die Interaktion des Ausdrucks im Gesicht, die Mimik. Das Gesicht ist einer der wichtigsten Kommunikationskanäle für die Darstellung emotionaler und sozialer Ausdrücke (vgl. Isbister, 2006, 143). Das Gesicht kann sich nicht verstecken. Es ist immer zu sehen, wenn es nicht extra hinter einem Helm oder ähnlichen kopfbedeckenden Hilfsmittel versteckt wird. Dadurch steht es unter stetiger Beobachtung des Beobachters/ der Beobachterin (vgl. Ekman, 1988, 7). Nach Charles Darwin zeigt die Mimik mehr die Absicht und die Gedanken als das gesprochene Wort (vgl. Eilert, 2013, 27).

Das, was als die Mimik bezeichnet wird, ist die sichtbare Bewegung der Oberfläche des Gesichts bei kurzzeitiger Verformung dieser. Die Mimik ist also dynamisch und nicht statisch. Diese Verformung passiert anhand der etwa 20 Muskeln, die unter der Hautoberfläche des Gesichts sitzen. Diese Muskeln sind ausschließlich für die Kommunikation zuständig. Nur insgesamt drei Muskeln im Gesicht haben noch andere Funktion, die nicht mit der Kommunikation im Zusammenhang stehen (vgl. Ellgring, 1986, 23). Dabei wird die Mimik ganzheitlich wahrgenommen, wie schon in Kapitel 3.4 erwähnt. Das heißt, der Beobachter/ die Beobachterin achtet nicht auf die einzelnen Muskelkontraktionen, sondern auf das Gesamtbild des Gesichts (vgl. Ellgring, 1989, 265).

Die Mimik ist ein universelles Signalsystem, das Zustand des Beobachteten/ der Beobachteten zeigt. Somit erkennt z. B. auch ein Amerikaner/ eine Amerikanerin das Lächeln eines Asiaten/ einer Asiatin, da für diesen Ausdruck der Mimik und Emotion in beiden Gebieten der gleiche Ausdruck genutzt wird (vgl. Ellgring, 1986, 22). Insgesamt lässt sich die Mimik vor allem zu der Funktion des emotionalen Geschehens zählen (s. S. 58) (vgl. Ellgring, 27). Die Mimik selber ist eine angeborene Veranlagung des Menschen (vgl. Argyle, 2013, 11).

Wie schon in Kapitel 4.1.8. kurz angerissen sind Gesichtsausdrücke nie zu Hundert Prozent symmetrisch. Durch die verschiedenen Tätigkeitsfelder des Gehirns sind die Gesichtshälften unterschiedlich stark gesteuert. So wird bei der Mimik tendenziell die linke Gesichtshälfte stärker beansprucht. Beim Reden wiederum; liegt die Tendenz bei der rechten Gesichtshälfte stärker zu sein (vgl. Etcoff, 2001, 183). Zu dieser Feststellung kommt auch Arygle. Er sagt auch, dass emotionale Ausdrücke auf der linken Gesichtshälfte stärker ausgeprägt sind. Negative Emotionen sogar noch stärker. Nach Stringer und May wird die linke Gesichtshälfte vom Betrachter/ von der Betrachterin als fröhlicher und empfänglicher wahrgenommen. Dahingegen wird die rechte Gesichtshälfte als aktiv, extrovertiert und vernünftig wahrgenommen. Eine Symmetrie findet der Betrachter/ die Betrachterin hingegen in gestellten Gesichtsausdrücken (vgl. Argyle, 2013, 160).

Diese gestellten Gesichtsausdrücke sind im Gegensatz zu den normalen Ausdrücken das Produkt der Gesellschaft. Wie schon im oberen Teil des Kapitels erwähnt, ist die Mimik eine Veranlagung, die angeboren ist. Eigenständig hervorgerufene Gesichtsausdrücke, also manipulierte, werden erst im Laufe des Lebens erlernt. Solche Ausdrücke dieser Art fallen unter die Darstellungsregeln, „display rules". Der Mensch erlernt wann, wo und wem er gegenüber sich wie zeigen kann in seinem Verhalten und Gesichtsausdruck (vgl. Ellgring, 1986, 23). Er/ sie erlernt dies von seinem/ ihrem kulturellen Umfeld. So wird erlernt, wann ein bestimmter Gesichtsausdruck unpassend oder gar unhöflich ist und dieser besser unterdrückt oder wann dieser erzwungen werden sollte. Dieses Umfeld des Erlernens dieser Regeln ist je nach Land sehr unterschiedlich und daher nicht universell. Es zeigt sich auch, das emotionale Ausdrücke öfters von einem Sender geäußert werden, wenn ein Empfänger anwesend ist. Eine Untersuchung ergab das beim Bowling die Spieler/ Spielerinnen häufiger in Richtung ihrer Mitspieler lächelten aber weniger in die Richtung der Pins (vgl. Argyle, 162ff).

Diese Kontrolle über den Ausdruck ist nicht immer leicht. Es kann passieren, dass die Kontrolle nur teilweise funktioniert und dadurch eine widersprüchliche Darstellung in der Mimik zu sehen ist. Solch eine Darstellung ist z. B. ein gezwungenes Lächeln. Bei der Darbietung dieses Ausdrucks kommt es zu einer „Affekt-Überblendung", „affective blend". Sie ist eine Zusammensetzung aus einem positiven und eines negativen Ausdrucks in der Mimik. Ebenso gibt es das „nonverbal leakage". Es manifestiert sich z. B. in einem aufgeregten Gesicht, einen wippenden Fuß oder in einem unruhigen Oberkörper. Durch solche nicht immer gut zu kontrollierbaren Verhaltensweisen, ist immer mehr vertrauen in den nonverbalen Signalen zu finden für die Wahrheit, als in den verbalen (vgl. Ellgring, 1986, 23f).

Ellgring erwähnt auch, dass die Mimik neben der Ausdrucksfunktion auch eine Appellfunktion innehat (vgl. Ellgring, 1986, 24).

Als Ausdruck manifestiert sich im Verhalten das affektive Geschehen, als Appell richtet das Individuum mit dem Verhalten Informationen an den anderen. (Ellgring, 1986, 24)

Ebenso können rein biologische Bedeutung durch Ritualisierung eine neue Bedeutung auf kommunikativer Ebene erhalten (vgl. Ellgring, 1986, 24).

Die Augenbrauen selbst sind auch eine Quelle für Signale der nonverbalen Art. Nach Ekman haben sie verschiedene Funktionen. Ihre mimischen Verhaltensweisen können als „Konversations-Signal" eingesetzt werden von Sender wie auch vom Empfänger. Das heißt, dass sie eine Vielzahl an Interaktionen ausführen können, die der Beobachter/ die Beobachterin liest. Solche können Zustimmung, Ungläubigkeit, Verneinung, Skepsis, spielerische Überraschung oder freudiges Erkennen sein (vgl. Ellgring, 1986, 24)

4.2.2.1 Emotionen

Ein emotionaler Zustand lässt sich nur schwer in Worte fassen. Durch die Mimik lässt sich dieser Zustand um ein vielfaches besser und auch schneller ausdrücken (vgl. Ellgring, 1986, 8). Laut Tomkins und Izard sind Emotionen unser Antrieb für unser Denken und Verhalten. Nach dem Psychologen David Matsumoto sind Emotionen (vgl. Eilert, 2013, 159):

> Emotionen sind kurze, bio-psycho-soziale Reaktionen auf spezifische Ereignisse, die Konsequenzen haben für unser Wohlbefinden und meist eine sofortige Handlung erfordern. (Matsumoto zit. nach Eilert 2013, 159)

Dieses bedeutet also, dass Emotionen eine schnelle, kurze Reaktion des Körpers bzw. des Gesichts auf etwas ist, was dem psychischen und/ oder physischen Zustand des Menschen betrifft und für diesen von Bedeutung ist. Also gibt es für jede Emotion einen Auslöser, der zeitlich in direkter Nähe zu finden ist, der ebenso körperliche Veränderungen hervorruft, wie z. B. ein schneller Herzschlag aber auch psychische Veränderungen hervorruft, in dem Betrachter/ der Betrachterin. Dieser Auslöser dafür kann äußerlich wie auch innerlich sein.

Ebenso sind Emotionen nicht gleichzusetzen mit Stimmungen. Stimmungen können über mehrere Stunden oder noch länger anhalten. Emotionen sind in wenigen Millisekunden bis Minuten wieder abgeklungen. Der Mensch ist nur anfälliger in dieser Zeit für die jeweiligen dazu passenden Emotionen. Eine gereizte Person ist z. B. anfälliger für die Emotion Ärger (vgl. Eilert, 2013 159ff).

Emotionale Ausdrücke sind universal und existieren bereits ab dem Säuglingsalter und sind kulturell übergreifend (vgl. Ellgring, 1986, 22). So wird ein Lächeln überall als positiv gewertet, wohingegen ein angewidertes Gesicht negativ gewertet wird (vgl. Ellgring, 1989, 170). Zu diesem Entschluss der universalen Gesichtsausdrücke kam schon Charles Darwin 1872, der auch heute noch von Experten befürwortet wird (vgl. McCloud, 2007, 82). Nach Darwin sind Gesichtsausdrücke dazu da dem Beobachter/ der Beobachterin Informationen zu liefern, wie sein/ ihr Befinden zu dem Zeitpunkt ist. Aus diesen Informationen erstellte Darwin seine Universalitätshypothese. Emotionen, die sich klar voneinander unterscheiden lassen, aber universal überall zu verstehen sind. Diese Hypothese wurde später vom amerikanischen Psychologen Silvan Tompkins genommen, um seine Affekttheorie zu schaffen. In den 60er Jahren begann der Psychologe Paul Ekman zu erforschen, ob die Theorie der universellen Gesichtsausdrücke stimmt. Durch seine Forschungsreisen in die abgelegensten Bereiche der Erde, wo er unter anderem Stämme befragte, die keinerlei Kontakt zur Zivilisation hatten, stellte er fest, dass bestimmte Ausdrücke von Emotionen universell waren. Insgesamt erkannte er sechs Basisemotionen (s. Abb. 20): Angst (fear), Überraschung (suprise), Ärger (anger), Ekel (disgust), Trauer (sadness), Freude (joy). Später kam noch die siebte Basisemotion, Verachtung hinzu (vgl. Eilert, 2013, 35f).

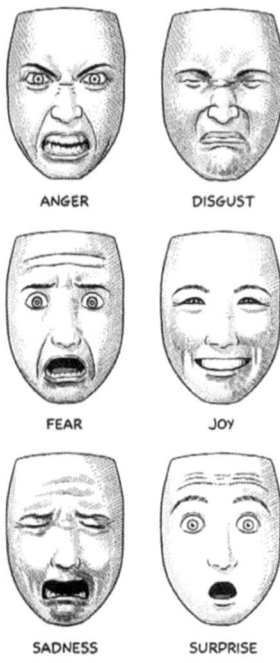

Abbildung 20: Basisemotionen

(Quelle: McCloud, 2007)

Diese Basisemotionen zeichnen sich dadurch aus das sie erstens kulturell übergreifend sind und zweitens einzigartig sind in den nachfolgenden Punkten (vgl. Eilert, 2013, 63).

- in den die jeweilige Emotion auslösenden Ereignissen (Trigger),
- in den physiologischen und kognitiven Reaktionen,
- im subjektiven Erleben der Emotion,
- im nonverbalen Ausdruck (Mimik, Stimme, Körper). (Eilert, 2013, 63)

Bei der Basisemotion „Angst" würde nach diesen Punkten der Trigger eine Bedrohung für den Menschen sein (Punkt 1). Der Körper reagiert mit Ausschüttung von Stresshormonen, was weitere biologische Reaktionen hervorruft (Punkt 2). Die Gefahr wird fixiert und alles andere wird ausgeblendet (Punkt 3). Der Beobachter/ die Beobachter sieht die Augen weit geöffnet und vernimmt eine höhere und lautere Stimme des Betrachteten/ der Betrachteten (Punkt 4).

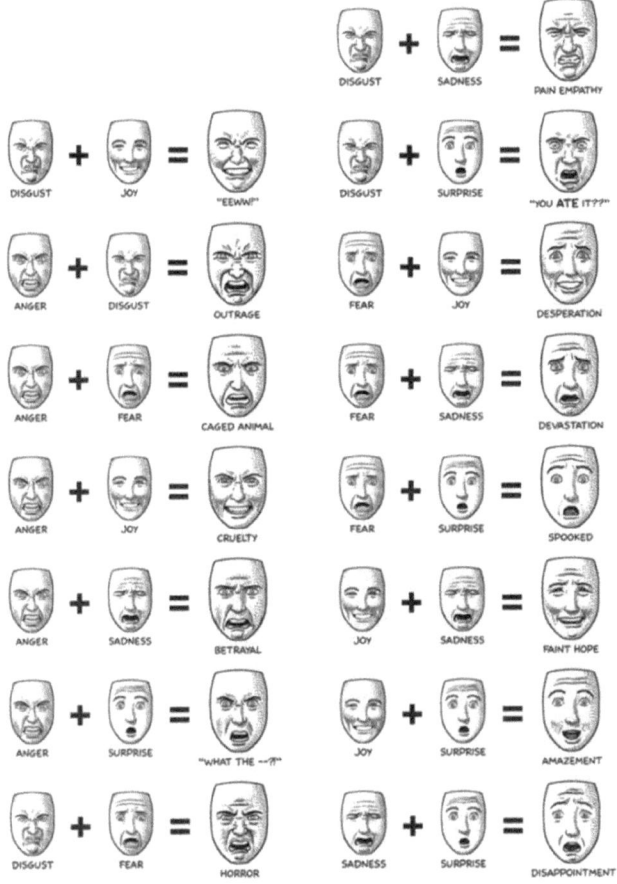

Abbildung 21: Mischemotionen

(Quelle: McCloud, 2007)

Fünf dieser Basisemotionen finden sich auch in dem 3D-Animationsfilm *Inside Out* wieder, bei dem Paul Ekman und Dacher Keltner in beratener Funktion tätig waren, um dem Team um Riley, Joy, Anger, Sadness, Disgust und Fear mit ihrem Wissen über Emotionen zur Seite zu stehen und so einen realistischen Film über Gefühle zu erschaffen (Klöckner, 2015).

Aus diesen Basisemotionen lassen sich eine Vielzahl an anderen Emotionen erstellen. Die Mischemotionen sind so bei den Menschen eingeprägt, dass jede wie in Abbildung 21 zu sehen ist, einen eigenen Namen und Bedeutung hat. So besteht

z. B. die Emotion „Erstaunen" (amazement) aus den Basisemotionen „Freude" und „Überraschung".

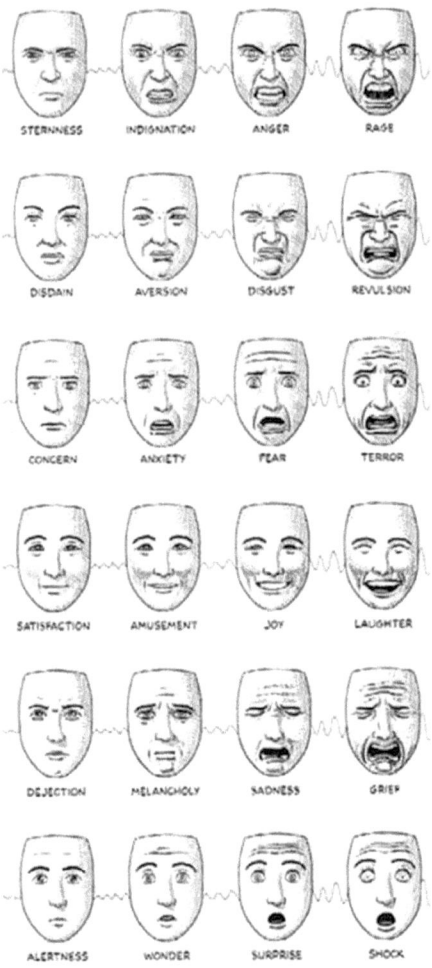

Abbildung 22: Intensität Emotionen

(Quelle: McCloud, 2007)

Ebenso können auch aus verschiedenen Intensitätsstufen (s. Abb. 22) der Basisemotionen neue Emotionen, mit eigenen Namen und Bedeutung, entstehen. Genauso lassen sich diese mit den anderen Emotionen mischen und wiederum neue Emotionen schaffen, wie durch „milde Freude" und „milde Traurigkeit" „Bedauern" entsteht. Auch können natürlich mehr als zwei Emotionen miteinander gemischt werden. Ein Beispiel wäre „starke Traurigkeit" mit „moderater Wut" und „moderate Freude", was die Emotion „Erinnerung an einen verstorbenen Freund" ergibt (vgl. McCloud, 2007, 83fff).

4.2.2.2 FACS

Das Facial Acting Coding System, kurz FACS genannt, ist eine Erfindung von Paul Ekman und Wallace Friesen und wurde 1978 veröffentlicht. Es ist das führende wissenschaftliche Codierungssystem für Gesichtsausdrücke, was aus einem über 700 Seiten dicken Werk besteht. In diesem stehen „Action Units" (vgl. Eilert, 2013 38). Dies sind mimische Bewegungseinheiten, aus denen sich die komplexen Gesichtsausdrücke zusammensetzen (s. S. 63f). 27 dieser Action Units reichen schon um die meisten Gesichtsausdrücke zu klassifizieren. Dabei fällt auf, dass die Stirn und der Augenbereich nur sechs Action Units besitzt und der Bereich um den Mund 18 Action Units braucht, um eine detailgenaue Beschreibung liefern zu können zu den jeweiligen Gesichtsausdrücken (vgl. Ellgring, 1989, 266).

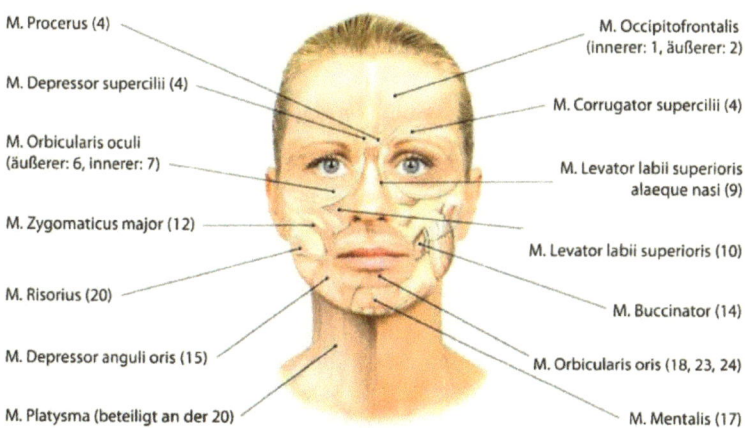

Abbildung 23: mimische Muskulatur mit Action Units Nummern

(Quelle: Eilert, 2013, 222)

Genutzt wird das FACS in sehr vielen Bereichen. So findet es Anwendung in der Marktforschung, aber auch Animationsstudios wie z. B. Pixar und DreamWorks arbeiten mit dem FACS, um die Gesichter von CG-Charakteren glaubwürdig darzustellen zu können (vgl. Eilert, 2013 39). In Abbildung 23 sind diese Action Units im Zusammenhang mit ihrer jeweiligen Muskulatur des menschlichen Gesichts zu sehen.

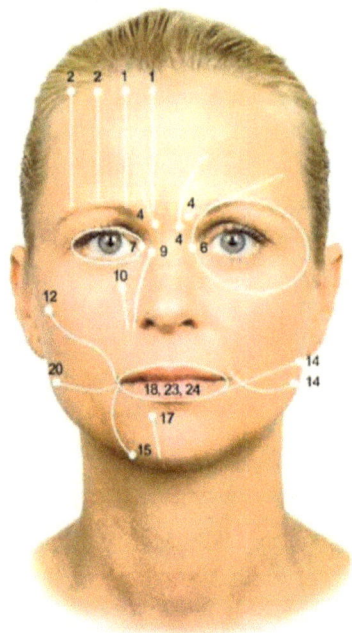

Abbildung 24: FACS - Bewegungsrichtungen der Action Units

(Quelle: Eilert, 2013, 215)

In der Abbildung 24 sind die Bewegungsrichtungen der einzelnen Action Units grafisch dargestellt. Die Kreise markieren die Richtung, in die sich der Muskel zusammenzieht bei Benutzung. Insgesamt beinhaltet das FACS 44 Action Units und dazu Augen- und Kopfbewegungen (vgl. Eilert, 2013, 215). Bei einem echten Lächeln (echt erlebte Freude), wie sie in der Abbildung 25 zu sehen ist, werden demzufolge die Action Unit 6 und die Action Unit 12 aktiviert. Durch diese beiden Units ziehen sich folglich die Mundwinkel schräg nach oben und hinten (Unit 12) und die Augendeckfalte senkt sich ab, wie auch leicht die Augenbrauen-Außenseiten (Unit 6). Dadurch entstehen die kleinen Falten, die sich Krähenfüßen nennen in der Mimik. Diese können aber auch durch eine starke Kontraktion des Jochbeinmuskels ausgelöst werden. Ein verlässliches Merkmal für echt erlebte Freude ist daher die Augendeckfalte, die sich absenkt bei einer echten Emotion (vgl. Eilert, 2013, 78f). In der nachfolgenden Tabelle 4 sind alle Basisemotionen nach Ekman aufgelistet mit ihren jeweiligen Action Units.

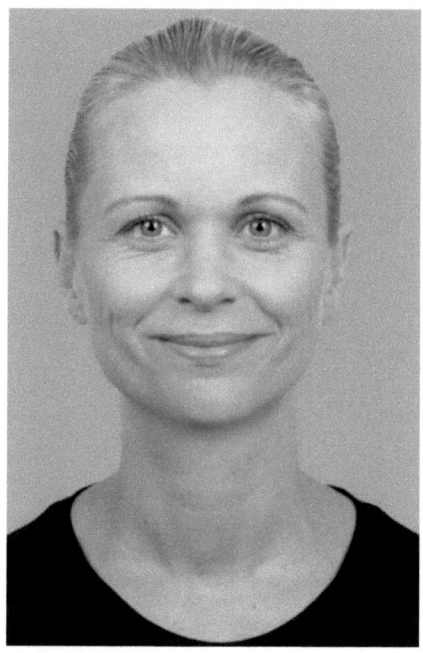

Abbildung 25: echt erlebte Freude

(Quelle: Eilert, 2013, 79)

Basisemotion	Action Units
Angst	1 – heben der inneren Augenbraue 2 – heben der äußeren Augenbraue 4 – zusammenziehen Augenbrauen 5 – heben des oberen Augenlids 7 – angespanntes unteres Augenlid 20 – gespannte Lippen 25 – öffnen der Lippen 26 – Kiefer senken
Überraschung	1 – heben der inneren Augenbraue 2 – heben der äußeren Augenbraue 5 – heben des oberen Augenlids 25 – öffnen der Lippen 26 – Kiefer senken

Ärger	4 – zusammenziehen Augenbrauen 5 – heben des oberen Augenlids 7 – angespanntes unteres Augenlid 24 – Lippen zusammenpressen
Ekel	9 – Nase rümpfen oder 10 – anheben obere Lippe
Verachtung	14 einseitig – einziehen Mundwinkel
Trauer	1 – heben der inneren Augenbraue 4 – zusammenziehen Augenbrauen 15 – herabziehen der Mundwinkel 17 – Kinn hinaufschieben
Freude	6 – zusammenziehen der äußeren Augenringmuskeln 12 – anheben der Mundwinkel

Tabelle 4: Action Units Basisemotionen
(Quelle: vgl. Eilert, 2013, 66-79)

4.2.3 Interpersonale Einstellung

Eine andere Wichtigkeit, in Bezug auf das menschliche Gesicht, hat die interpersonale Einstellung. Emotionen sind den Einstellungen gegenüber Menschen sehr ähnlich und führen in den meisten Fällen auch zu den gleichen Ergebnissen von Signalen. Z. B. ist Ärger (Wut) eine Emotion. Aber sich über jemanden zu ärgern, ist eine interpersonale Einstellung demjenigen/ derjenigen gegenüber. Das Gleiche mit der Emotion Freude. Jemanden mögen ist eine interpersonale Einstellung einer anderen Person gegenüber, aber sich über ein erreichtes Ziel zu freuen ist eine Emotion. Beide Beispiele äußern sich recht gleich in ihren jeweiligen Gesichtsausdrücken (s. S. 61f). Dahingegen sind dominante bzw. unterwürfige Einstellungen gänzlich ungleiche Signale zu den sonstigen Signalen für Emotionen (vgl. Argyle, 2013, 113).

> Wie Emotionen haben auch solche Einstellungen stets drei Komponenten – einen zugrunde liegenden physiologischen Zustand, ein subjektives Erleben und ein Verhalten, vor allem in Form von NVK[9]. (Argyle, 2013, 113)

---

[9] nonverbaler Kommunikation

Einstellungen unterscheiden sich auch in die Bereiche spontan und bewusst eingesetzt. Genauso wie bei Emotionen. Unter die Kategorie „bewusst eingesetzt" fällt oft die Dominanz. Diese Menschen versuchen bewusst über ihre Dominanz, den Betrachteten/ die Betrachtete zu beeinflussen. Dahingegen sind Zuneigung und Abneigung oft spontanen Ursprung. Unter diesen Einfluss fällt z. B. sexuelle Anziehung. Diese Einstellungen für Zuneigung und Abneigung fallen aber genauso, wie bei den Emotionen unter die kulturellen Einschränkungen, den „display rules" (s. S. 60). Bei der Entwicklung einer neuen oder einer bestehenden Beziehung entsteht ein Motivationszustand aufgrund von Affiliation[10], Dominanz oder sexueller Anziehung. Diese wird mit Hilfe verbaler und nonverbaler Signale erreicht. Analysen haben ergeben, dass es beständig zwei Hauptdimensionen gibt: „freundlich – feindselig" und „dominant – unterwürfig" (s. Abb. 26). Für eine soziale Kompetenz sind die beiden Dimensionen wichtig und treten auch in Kombination zusammen auf (vgl. Argyle, 2013, 114).

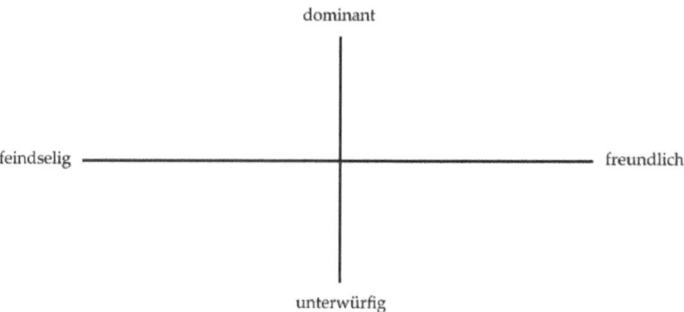

Abbildung 26: zwei Dimensionen von interpersonale Einstellung gegenüber anderen

(Quelle: Argyle, 2013, 114)

Zur Erforschung von Einstellungen wurden unter anderem Rollenspiele inszeniert mit den Testpersonen, wo sie z. B. mit einem Hutständer agierten oder auf den Plänen zeigen sollten, wie und in welchen Winkel sie sich setzen würden bei verschiedenen sozialen Begegnungen (vgl. Argyle, 2013, 115f).

---

[10] Bedürfnis nach Zuneigung, Annäherung, Gesellung

4.2.3.1 Zuneigung

Die wichtigste Dimension der Einstellungen gegenüber einem anderen Menschen ist, wie sehr er gemocht oder nicht gemocht wird und wie viel Vertrautheit mit ihm gewünscht wird. (Argyle, 2013, 116)

Die wichtigsten Signale für Zuneigung, die sich im Gesicht abspielen, sind vermehrter Blickkontakt und lächeln. Des Weiteren gibt es noch andere körperliche Signale, wie Kopfnicken, offene Körperhaltung, höhere Tonlage, geringer Abstand und noch weitere. Alles zusammen bewirkt bei dem Betrachter/ der Betrachterin die Assoziation von Freundlichkeit.

Bei einem Experiment stellten Burr, Cook und Maxwell fest, dass Testpersonen die anderen Teilnehmer des Testes gerne hatten, mit den gleichen Signalen antworteten. Häufiger Blickkontakt, ausdrucksstarkes Gesicht, lebhafter Tonfall, aktive Gestik und Körperbewegungen und weitere (vgl. Argyle, 2013, 116f). Wichtig für eine positive Beurteilung ist auch, dass kein zu enger Kontakt durch zu intensive Blicke und durch zu wenig Distanz besteht. Durch solche Interaktionen empfindet der Betrachter/ die Betrachterin den Beobachteten/ die Beobachtete weniger sympathisch.

In einem anderen Experiment von Mehrabian wurde die Tonspur gelöscht, um zu vergleichen wie der Gesichtsausdruck, der Tonfall und der gesprochene Text auf den Betrachter/ die Betrachterin wirken. Als Ergebnis kam dabei heraus, dass der Gesichtsausdruck die stärkste Wirkung auf den Betrachter/ die Betrachterin.

In einer Folge von Experimenten von Argyle, Alkema und Gilmour wurden die Dimensionen „freundlich – feindlich" und „dominant – unterwürfig" mit verbalen und nonverbalen Signalen verglichen. Dafür wurde für die Dimension „freundlich – feindlich" drei nonverbale Stile erstellt.

Für den freundlichen Stil wurden diese Signale genannt: freundlicher, gedämpfter Tonfall, offenes lächeln, entspannter Körperhaltung.

Für den neutralen Stil wurden diese Signale genannt: ausdruckslose Stimme, nichtssagender Gesichtsausdruck.

Für den feindseligen Stil wurden diese Signale genannt: barsche Stimme, Stirnrunzeln mit entblößten Zähnen, angespannte Körperhaltung.

Mit diesen Vorgaben haben Schauspieler es für eine Reihe von Juroren vorgeführt, die diese anhand der Videoaufzeichnungen bewerten haben. Das wurde auch mit einer verbalen Version wiederholt. Danach wurden die verbalen und nonverbalen

Stile gemischt und neuen Testpersonen bewertet. Bei dem Ergebnis wurde ersichtlich das bei widersprüchlichen Botschaften, die nonverbale den Vorzug bekam (vgl. Argyle, 2013, 119ff).

4.2.3.2 Dominanz

Die wichtigsten Signale für Dominanz, die sich im Gesicht abspielen, sind wenig Blickkontakt, den Blick wandern lassen, ernster Gesichtsausdruck und gerunzelte Stirn. Des Weiteren gibt es noch andere körperliche Signale, wie laute Stimme, Hände in die Hüfte gestemmt, sehr gerade Haltung und noch andere.

Ein Experiment von Leffler, Gillespie und Conray zeigt, dass die Testpersonen bei einem Lehrer-Schüler Rollenspiel, in der Rolle des Lehrers dominante Verhaltensweisen benutzen zur Interaktion mit den Testpersonen, die die Schülerrolle spielten. Ein anderes Experiment von Remland konnte in dem Rollenspiel Vorgesetzter-Arbeitnehmer gleiche Muster erkennen. Die Vorgesetzten verhielten sich stark dominant. Sie hielten kaum Blickkontakt zu den Arbeitnehmertestpersonen. Wiederum suchten diese den Blickkontakt. Dieses Hierarchiemuster des unterschiedlichen Status findet sich ständig wieder. Zu unterscheiden ist auch, dass ein ernster Gesichtsausdruck in allen Kulturen verstanden wird, aber eine gerunzelte Stirn nicht in der östlichen Welt als dominant angesehen wird. Dazu haben ernste Gesichtsausdrücke eine unfreundliche Wirkung auf seinen Betrachter/ seine Betrachterin (vgl. Argyle, 2013, 126ffff).

4.2.3.3 Blickverhalten von Augen

Die Augen dienen dem Menschen dazu seine Umgebung wahrzunehmen. Wie schon ausführlich in Kapitel 3.1 behandelt wurde, beinhalten sie die wichtigen Rezeptoren für die Wahrnehmung. Doch in der nonverbalen Kommunikation sind die Augen bzw. der Blick der Augen, ein weiteres Mittel des Gesichts für die Kommunikation zwischen Menschen. Auch wenn sie eigentlich hauptsächlich dafür gedacht sind Information zu sammeln, können Beobachter/ Beobachterinnen aus ihnen auch Signale erkennen und decodieren (vgl. Argyle, 2002, 217). Der Blick ist ein sehr starkes Signal für die Beziehung zwischen den Beobachter/ Beobachterin und dem Betrachter/ der Betrachterin. Eine Person, die gemocht wird, wird vom Beobachter/ von der Beobachterin länger angeschaut. Bei einem Experiment von Rubin wurde festgestellt, das Paare, die sehr stark verliebt waren, sich länger anschauten. Frauen nutzen ihre Augen mehr als Signale als Männer. Ein Experiment von Mehrabian stellte fest, dass die Person, die öfters angeschaut wurde, sich mehr bevorzugt fühlte. Auch konnte dadurch gesagt werden, dass die

Blickrichtung ein besseres Signal ist, als ein körperliches. Wie schon auf Seite 45 in Kapitel 4.1.6., erwähnt, ist die Pupillengröße ein Signal, das den Betrachter/ die Betrachterin positiv beeinflusst in seinem Verhalten. Bei einem Experiment wurden zwei Bilder den Testpersonen vorgelegt. Eines mit normalen Pupillen und eins mit vergrößerten Pupillen. Es hat sich gezeigt, dass die Testpersonen das Bild bevorzugten, mit den größeren Pupillen (vgl. Argyle, 2002, 220f).

> Es wurde festgestellt, daß [!] Versuchspersonen diejenigen mehr ansehen, von denen sie in irgendeiner Weise belohnt werden, zum Beispiel durch zustimmende Bemerkung. Da Zustimmung teilweise durch das Gesicht ausgedrückt wird, wurde wahrscheinlich der Blick selbst belohnt; die Augen haben belohnende Signale wahrgenommen. (Argyle, 2002, 222)

Abbildung 27: Blick Anna Frozen

(Quelle: https://lumiere-a.akamaihd.net/v1/images/
b5da8e4c0046a83b81dbd945719f6b354edd764b.jpeg)

Wie in Abbildung 27 zu sehen ist, sind die Pupillen von Anna sehr groß gehalten. Diese großen Pupillen beeinflussen den Betrachter/ die Betrachterin positiv in seiner Wertung für den CG-Charakter. Ebenso ist der direkte Blickkontakt positiv fördernd da der Augenkontakt als belohnend wahrgenommen wird laut Argyle. Somit kann durch eine einfach größer dargestellte Pupille eine immense positive Wirkung erzielt werden.

5 Das Gesicht in der Computer-Grafik

Im diesem Kapitel geht es nun um das Gesicht in der Computer-Grafik. Die nachfolgenden Kapitel behandeln Themen die im Zusammenhang damit stehen wie das Uncanny Valley und die verschiedenen Stile die ein CG-Charakter in 3D innehaben kann. In diesen Themen soll untersucht werden wie diese sich auf das Gesicht des CG-Charakters auswirken.

5.1 Uncanny Valley - 不気味の谷

Im Zusammenhang mit CG-Charakteren ist es unmöglich nicht mit dem Uncanny Valley in Kontakt zu kommen, bei der Erforschung ihrer Ausstrahlung und Wirkung auf die Beobachter und Beobachterinnen. Es hat eine Fülle an Verbindungen zu vielen anderen Disziplinen, wie die Psychologie, die Philosophie und dem Design. Das Uncanny Valley an sich ist ein Phänomen, das ungern gesehen wird, aber ein hohes Interesse erweckt durch seine Verbindungen zu diesen Disziplinen und deswegen zunehmend in den letzten Jahren an Interesse gewann für Bereich, wie die Medizin, Musikstudien, Bildung, Computerspiele und auch dem Filmbereich (vgl. Tinwell, 2015, 25). Dieser Begriff des Uncanny Valley wurde vom Roboteringenieur Masahiro Mori (森政弘)[11] geprägt. Er veröffentlichte im Jahr 1970 ein Essay mit dem Titel 不気味の谷[12] in der Zeitschrift Energy. Übersetzt bedeutet dieser Titel *das unheimliche Tal* bzw. *The Uncanny Valley* (vgl. Mori, 2012.a). In diesem Essay schreibt Mori über das Phänomen der Reaktion vom Menschen auf menschenähnliche Roboter. Je mehr ein Roboter in seiner äußerlichen Erscheinung und Bewegung einem Menschen ähnelt, desto mehr positive Reaktion wird ihm von dem Betrachter/ der Betrachterin entgegengebracht. Jedoch fällt ab einem gewissen Punkt die Empathie des Betrachters/ der Betrachterin schlagartig ab. Dieses Phänomen des rapiden Abfalls stellt er in einer Grafik dar und benennt es das unheimliche Tal, das *Uncanny Valley* (s. Abb. 29 S. 76) (vgl. Mori, 2012.b). Dieses unheimliche findet sich schon in den psychologischen Arbeiten von Sigmund Freud und Ernst Jentsch wieder.

---

[11] originalschreibweise des Namens
[12] für den besseren Lesefluss wird nachfolgend im Text der weitläufig verbreitete englische Begriff Uncanny Valley genutzt anstatt des Originaltitels 不気味の谷 – bukimi no tani (Romajiversion)

Für Tinwell ist etwas unheimlich, wenn etwas nicht richtig zu sein scheint mit dem CG-Charakter (vgl. Tinwell, 2015, 1). In Jentschs Artikel, *Zur Psychologie des Unheimlichen,* sagt er, um diesem Gefühl des unheimlichen näherzukommen in seiner Essenz, soll sich gefragt werden, wie dieser Zustand zustande kommt (vgl. Jentsch, 1906, 195). Auch Sigmund Freud beschäftigte sich mit dem Begriff des unheimlichen. Er fasst das Phänomen des unheimlichen als ein Gefühl der Ungewissheit von sich selber zusammen (vgl. Tinwell, 2015, 5).

Diese Hypothese von Masahiro Mori ist also, wie kurz am Anfang angeschnitten, nicht nur für die Robotikindustrie interessant. Sie ist ebenso unglaublich wichtig für CG-Charaktere. Der Mensch ist sein eigener Experte, hinsichtlich seiner äußeren Erscheinung (s. S. 18), wie auch in seiner Motorik. Somit ist es ein schwieriges Unterfangen CG-Charaktere so darzustellen, dass sie von seinem Betrachter/ seiner Betrachterin akzeptiert werden. Grundsätzlich sind vor allem das Gesicht eines Charakters ausschlaggebend, ob es dem Betrachter/ der Betrachterin ein unheimliches Gefühl vermittelt, etwas unnatürliches an sich hat. Der Betrachter/ die Betrachterin hat also schneller eine negative Einstellung zu Charakteren, deren Gesichter unnatürlich wirken und somit auf Moris grafischer Darstellung des Uncanny Valley im Tal liegen. Neben der rein äußerlichen Erscheinung ist es auch wichtig, dass die Animation glaubhaft für den Betrachter/ die Betrachterin ist und er/ sie davon überzeugt ist, mit einem lebendigen Objekt zu interagieren (vgl. Madigan, 2013).

> When faces are more realistic, it doesn't take much tweaking to make them look creepy. When the faces are more stylized, a wider amount of facial distortion is acceptable. (Madigan, 2013)

Je stärker also das Design eines CG-Charakters stilisiert wird, desto einfacher kann die Wahrnehmung des Betrachters/ der Betrachterin positiv beeinflusst werden. Somit verzeiht er/ sie schneller kleinere Ungereimtheiten in der physischen Erscheinung. Diese Beurteilung lässt umgedreht betrachtet, also je fotorealistischer das Gesicht eines CG-Charakters gestaltet wird, desto schwieriger ist es von dem Betrachter/ von der Betrachterin positiv wahrgenommen zu werden. Bei vielen CG Filmen, deren Design auf Fotorealismus ausgelegt ist, lässt sich dies feststellen. Filme wie *Final Fantasy: The Spirits Within* (Square Pictures) aus dem Jahr 2001, *The Polar Express* (Sony Pictures Animation) aus dem Jahr 2004, *Beowulf* (ImageMovers Digital) aus dem Jahr 2007 oder The *Adventures of Tintin: Secret of the Unicorn* (Amblin Entertainment) aus dem Jahr 2011 haben allesamt das Problem, das die virtuellen Gesichter zu puppenhaft, zu wenig Emotionen geben.

Die Gesichtsausdrücke sind zu stark eingeschränkt und wirken unnatürlich, wodurch der Betrachter/ die Betrachterin keine richtige Kommunikation und keine Empathie aufbauen kann. Das wiederum führt, dazu, dass er/ sie den Charakter nicht als ein lebendiges Individuum anerkennt und es somit folglich Abbildung 29 im Bereich des Tals des Uncanny Valley einsortiert. Solche Charaktere wirken auf den Betrachter/ die Betrachterin also wie tote Gegenstände und befinden sich somit am tiefsten Punkt des Uncanny Valley (vgl. Tinwell, 2015, 11ffff). Solche toten Gegenstände lösen bei dem Betrachter/ der Betrachterin ein Gefühl der Gefahr aus. Nicht umsonst sind Zombies der tiefste Punkt des Uncanny Valley in der Grafik von Mori (s. Abb. 29). Sie lösen also genau das Gegenteil aus, welches erwünscht wird, für CG-Charaktere aus animierten Filmen. Laut Shell haben CG-Charaktere, von Pixar und anderen ähnlich stilisierten Charakteren, dieses Problem nicht. Sie stehen noch auf der linken Seite (s. Abb. 29), bevor der Graph in das Tal fällt, und lösen entsprechend kein Gefühl des Unbehagens aus, wenn der Betrachter/ die Betrachterin sie erblickt (vgl. Shell, 2008, 328).

Abbildung 28: Baby und Spielzeug Tin Toy

(Quellen: https://cinecinephile.files.wordpress.com/2011/06/pixar-tin-toy.jpg
http://1.bp.blogspot.com/-zfuZT5Emuxg/Tpm8bjnLDjI/AAAAAAAAAdc/807-
PSD6Oxs/s1600/Tin-Toy%2BStory.jpg)

Der erste animierte Kurzfilm von Pixar *Tin Toy* im Jahr 1988 hatte seine Schwierigkeiten mit dem Uncanny Valley. Durch diesen Film wurde dem Phänomen des Uncanny Valley ernster genommen in der Filmindustrie. Das Baby (s. Abb. 28) im Film verursachte bei den Zuschauern ein Gefühl des Unbehagens durch seine Erscheinung, im Gegensatz zu der stilisierten Aufziehpuppe (s. Abb. 28) (vgl. Barfield, 2015, 232).

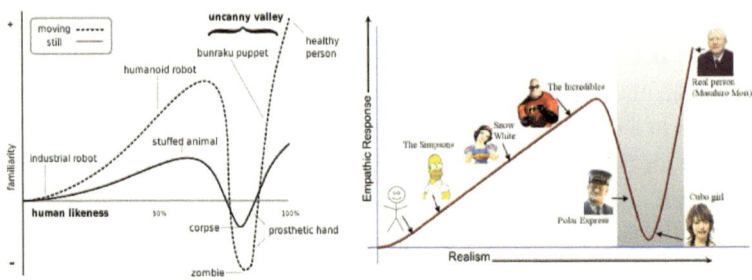

Abbildung 29: Uncanny Valley

(Quelle: http://2.bp.blogspot.com/Gfo0WFUmRWI/TrL4BCUJrCI/
AAAAAAAABJM/xs9KaabHFyY/s1600/uncanny_graph_blog.jpg)

In einem Experiment von Edward Schneider und seinen Kollegen wurde getestet, wie die Beziehung wahrgenommen wird, zwischen der Menschlichkeit und der Anziehungskraft, bei verschiedenen stilisierten Charakteren. Sie fanden heraus, dass Charaktere die mehr eine stilisierte Form von Menschlichkeit besitzen (in diesem Test waren die Beispiele Mario von *Super Mario Sunshine* (Nintendo, 2002) und Lara Croft von *Lara Croft Tomb Raider: Legend* (Crystal Dynamics, 2006)), am attraktivsten und menschenähnlichsten bewertet werden (vgl. Tinwell, 2015, 26f). Laut Mori muss der Mensch erst vollständig verstehen, was ihn zu einem Menschen macht, um zu bewerkstelligen, dass menschliche Roboter das Uncanny Valley passieren können. Entsprechend gilt dies dann auch für CG-Charaktere. Um dies zu bewerkstelligen, ist es notwendig für das Design von CG-Charakteren auch die psychologische und philosophische Basis mit einzubeziehen, um eine glaubwürdige Darstellung zu produzieren. Denn diese Bereiche helfen es dieses Phänomen zu verstehen (vgl. Tinwell, 2015, 20f).

5.2 Design

Im folgenden Kapitel geht es um das Design von Charakteren. Dieses soll nun nach den ganzen psychologischen und nonverbalen Ansichten auf ein Gesicht, die künstlerische Sichtweise auf ein Gesicht zeigen.

5.2.1 Stil

Der Stil von CG-Charakteren lässt sich in zwei große weitläufige Kategorien unterteilen. Die eine beinhaltet realistisch gestaltete Charaktere. Ihre äußere Erscheinung ist so weit wie möglich an die Realität angepasst. Die andere Kategorie beinhaltet stilisierte Charaktere. Im Grunde ist diese Art von Stil eine Karikatur der

Wirklichkeit. Diese Art von Stil lässt sich sehr breit fächern. Doch gibt es Gemeinsamkeit, die sie alle verbindet. Durch ihre stilisierte Darstellung können sie vermeiden, dass sie das Problem des Uncanny Valley bekommen. Denn je realistischer ein menschlicher CG-Charakter ist, desto schneller kann es geschehen das dieser im Uncanny Valley wiederzufinden ist (s. S. 74) (vgl. Maestri, 2006, 9).

Abbildung 30: stilisierter vs. realistischer CG-Charakter (links The Incredibles, rechts Mars Needs Moms

(Quelle: https://a.fastcompany.net/upload/Uncanny-Compare.jpg)

In der Abbildung 30 sind zwei Beispiele eines menschlichen CG-Charakters, in verschiedenen Designstilen dargestellt. Das linke Bild zeigt Mr. Incredible (Bob Parr), aus dem Film *The Incredibles* (Pixar, 2004) in einem karikativen, stilisierten Stil. Das rechte Bild zeigt Gribble, aus dem Film *Mars Needs Moms* (Disney, 2011), der in einem realistischeren Stil gehalten ist. Beide Charaktere sind für den Beobachter/ die Beobachterin als menschliches Wesen zu erkennen, da sie die Grundmerkmale aufweisen, wodurch ein Mensch ein Gesicht erkennt bzw. sich daraus eines erstellt (s. S. 20). Wie in diesem Abschnitt schon erwähnt, braucht der Mensch nicht viel um ein menschliches Gesicht in etwas zu erkennen. Der Beobachter/ die Beobachterin kann aus den abstraktesten Formen ein Gesicht interpretieren. Bei stilisierten Figuren ist eine ganz anatomisch korrekte Darstellung des Körpers nicht zwingend erforderlich. Nach Jesse Shell ist Charlie Brown von der Serie *The Peanuts* (Charles M. Schulz, 1922-2000) ein gutes Beispiel für so eine stilisierte Figur. Von seiner Gestaltung her hat der Charakter Charlie Brown nichts gemein, was unter anatomisch korrekt bzw. als echte Person interpretiert werden kann. Seine Hände sind einfache Beulen und sein Kopf ist fast genauso groß wie sein Körper. Die so gesehenen inkorrekten Darstellungen von Charlie Brown werden von dem Betrachter/ der Betrachterin akzeptiert, weil sein/ ihr Verstand viel durch das Expertenwissen (s. S. 19f) über Köpfe und Gesichter gespeichert hat, als vom Rest des Körpers. Würde sich das Verhältnis von seinem Kopf anders herum verhalten und er stattdessen große Füße und einen kleinen Kopf haben würde, dass für den Betrachter/ die Betrachterin grotesk erscheinen. Denn solch eine visuelle Darstellung existiert nicht wirklich in den internen Modellen der Menschen (vgl. Shell, 2008, 117).

Ein stilisierter Charakter ist im Grunde eine Figur, bei dem Details weggelassen werden und sich auf die verbleibenden Merkmale konzentriert werden und diese ausgeprägter dargestellt werden. Es findet eine Reduktion der Informationen statt. Bei dieser Reduktion gewinnen die verbleibenden Merkmale mehr an Bedeutung. Sie heben sich ab. Würden noch die anderen Merkmale vorhanden sein, könnten sich diese nicht abheben von der Masse. Somit hilft die Reduktion sich auf bestimmte Details zu konzentrieren (vgl. McCloud, 2001, 38f). Dieser Vorgang erleichtert dem Betrachter/ der Betrachterin z. B. die Erkennung von Gesichtern. Durch die Prägnanz kann der Betrachter/ die Betrachterin die Gesichter schneller erkennen (s. S. 22). Im Umkehrschluss kann also gesagt werden, je mehr Informationen, desto weniger stilisiert ist ein Charakter, bzw. das Gesicht eines Charakters, desto weniger Interpretationsraum hat der Beobachter/ die Beobachterin.

Denn je abstrahierter das Gesicht eines Charakters ist, desto mehr kann der Betrachter/ die Betrachterin in das Gesicht hineininterpretieren da, mehr Raum vorhanden ist. Ebenso, je vereinfachter (stilisiert, karikiert) ein Gesicht wird, desto leichter kann eine eigene Identifizierung mit dem Charakter stattfinden (s. Abb. 31). Denn je weiter das Gesicht abstrahiert wird, desto universaler wird es und kann, wie in Abbildung 31 zu sehen ist, im letzten Abstraktionsschritt fast jeder sein. Diese Universalität hat seine Vorteile. Durch sie können noch viel mehr Menschen erreicht werden (vgl. McCloud, 2001, 38f).

Das Gesicht in der Computer-Grafik

Abbildung 31: karikierte Gesichter

(Quelle: McCloud, 2001)

Dass aus dem letzten Bild noch ein Gesicht erkannt werden kann, beruht auf die Fähigkeit, in allen Dingen die eine bilaterale Symmetrie mit Kreisen aufweist, Gesichter zu erkennen (s. S. 20f). Ebenso sagt McCloud, dass das Foto eines realistischen Gesichts das Gesicht eines anderen ist. Aber eine abstrahierte Version zeigt das Spiegelbild des Betrachters/ der Betrachterin. Sie sehen sich selbst in diesem Gesicht. Das hängt damit zusammen, dass das eigene Gesicht im Geiste nicht annähernd so detailreich ist wie ein Foto. Es ist lediglich eine grobe Anordnung der Grundformen (vgl. McCloud, 2001, 44). Diese Identifikation des Betrachters/ der Betrachterin mit dem Charakter ist eine wichtige Hilfe um seine/ ihre Anteilnahme zu erregen (vgl. McCloud, 2001, 50).

5.2.2 Persönlichkeit und Grundformen

Eine andere Art der Personalisierung und Charakterisierung eines Charakters ist es dies durch die Form der Darstellung dem Betrachter/ der Betrachterin mitzuteilen. Dies fängt bei den ganz simplen Basiselementen Kreis, Dreieck und Viereck an. Diese Elemente sagen im ersten Eindruck viel über den Charakter aus, noch bevor sie ein Wort gesagt haben (vgl. Bancraft, 2006, 28). Sie geben den visuellen Einsatz, um dem Charakter zu beschreiben und begründen damit die Basiseinstellung des Charakters (vgl. Bancraft, 2006, 32). Die Persönlichkeit ist ein entscheidender Teil für einen sympathischen Charakter. Die Menschen versuchen immer zu einem Gesicht auch eine Persönlichkeit zu finden in seiner äußeren Erscheinung.

Abbildung 32: Grundformen Kreis, Rechteck und Dreieck
v.l. Joy Inside Out (Pixar, 2015), Anger Inside Out (Pixar, 2015), Chef Skinner Ratatouille (Pixar, 2007)

(Quellen: https://a.dilcdn.com/bl/wp-content/uploads/sites/24/2015/07/Joy-is-happy-in-Inside-Out.jpg
https://i.ytimg.com/vi/Bk58RcYgXiY/hqdefault.jpg
https://synian.files.wordpress.com/2013/04/ratatouille-skinner-551.jpg)

Laut dem Charakterdesigner David Colman, ist der wichtigste Part für einen Charakter die Gesichtsform, Haltung und Körpersprache. Danach kommt für ihn erst der Gesichtsausdruck. Laut ihn haben Formen eine universelle Bedeutung, die überall gleich zu verstehen sind. Bricht man das Design eines Charakters in seine Einzelteile hinunter, finden sich am Ende dieses Weges die verschiedenen Grundformen. Diesen Grundformen werden vom Betrachter/ der Betrachterin spezielle Eigenschaften zugesprochen (vgl. Bilyana, 2016).

Laut Bancraft assoziiert der Betrachter/ die Betrachterin bei der Grundform Oval/ Kreis (s. Abb. 32 linkes Bild) einen guten Charakter, der eine Anziehung ausstrahlt. Diese Form wird als sicher, harmlos, freundlich, liebenswert, knuddelig, süß und weich gewertet. Durch diese Kombination von Eigenschaften, für die runde/ ovale Form finden sich viele Protagonisten, die aus dieser Grundform bestehen. Z. B. der Pfadfinder Russell, aus dem Film *Up* (Pixar, 2009), besteht nur aus Rundungen (vgl. Bancraft, 2006, 33; Bilyana, 2016). Auch Joy (s. Abb. 32 linkes Bild), aus dem Film *Inside Out* (Pixar, 2015), besteht ihr Gesicht aus der Grundform eines Kreises. Nach ihrer Persönlichkeitsbeschreibung ist sie optimistisch, entschlossen, und wie ihr Name sagt, auch fröhlich und findet in jeder Situation den Spaß (vgl. Julie, 2015). Diese Charakterbeschreibung deckt sich zum Teil mit den Eigenschaften, die der Grundform zugeschrieben werden, aus der ihr Kopf besteht.

Das Rechteck wird vom Betrachter/ von der Betrachterin schwer und solide wahrgenommen. In der Natur findet sich diese Form oft in Felsen und Bergen wieder. Das Rechteck steht charakteristisch für Zuverlässigkeit, Hartnäckigkeit und Vertrauen. Auch wird solchen Formen in physischen Erscheinungsbildern als maskulin und stark wahrgenommen. Der Charakter Carl, von *Up* (Pixar, 2009), besitzt eine rechteckige Form (vgl. Bilyana, 2016). Ebenso finden sich oft Superhelden, die ein rechteckiges Design, aufweisen (s. S. 77 Abb. 30 Bobb Parr). Denn dieses soll Zuverlässigkeit ausstrahlen, wie auch große Stärke zeigen (vgl. Bancraft, 2006, 34). Auch Anger (s. Abb. 32 mittleres Bild), aus dem Film *Inside Out* (Pixar, 2015), besteht aus der Grundform eines Rechtecks. Nach seiner Persönlichkeitsbeschreibung fühlt er ein starkes Verantwortungsgefühl für den Charakter Riley. Er geht sprichwörtlich „in Flammen" auf, wenn die Dinge nicht so funktionieren, wie er es geplant hat (vgl. Julie, 2015). Diese Beschreibung deckt sich mit den Eigenschaften Zuverlässigkeit, Hartnäckigkeit und Stärke.

Die Form des Dreiecks strahlt Gefahr aus. Dadurch wird diese Form bevorzugt für Bösewichte genutzt, wie bei Jafar von *Aladdin* (Disney, 1992) und Maleficent von *Sleeping Beauty* (Disney, 1959). Eine andere Anwendung ist die der Richtung, da das Dreieck drei Seiten besitzt. Ebenso werden Dreiecke genutzt, um Charaktere zu erstellen die Entschlossenheit ausstrahlen sollen, und stellen damit den Antrieb für einen Helden dar. Ein Beispiel dafür ist Peter Pan aus dem gleichnamigen Film *Peter Pan* (Disney, 1953) (vgl. Bilyana, 2016). Auch Chef Skinner (s. Abb. 32 rechtes Bild), aus dem Film *Ratatouille* (Pixar, 2007), besteht aus der Grundform eines Dreiecks. Nach seiner Persönlichkeitsbeschreibung ist er sehr manipulativ, bösartig, gierig, gerissen und täuschend Charakter und der Antagonist des Films (vgl. VilliansWikia, o.J.).

5.2.3 Proportionen

Durch den Kontrast, durch die verschiedenen Größen, wird visuell ein Interesse und eine Spannung erzeugt, bei einem Charakter. Deswegen werden diese oft in drei Teile geteilt für das Design, wie ein Schneemann. Dabei sollen die drei (der Kopf, der Rumpf und die Beine) nicht gleich groß sein. Dadurch entsteht eine höhere Dynamik in der Wahrnehmung des Charakters (vgl. Bancraft, 2006, 36f). Mit unterschiedlichen und etwas abgeänderten Formen wird der Charakter noch komplexer. Nur mit diesen unterschiedlichen Grundformen formt sich schon, nur durch die Silhouette eine Proportion, die der Beobachter die Beobachterin zu einer Charakteristik sortieren kann. Dieses Phänomen trifft genauso auch auf Details zu, wie die Elemente im Gesicht: Nase, Augen, Ohren und Mund (vgl. Bilyana, 2016). Sind alle vier gleich groß und nicht variiert, wirken sie langweilig und das Interesse des Beobachters/ der Beobachterin wird nicht angeregt. Durch z. B. verstärken der Nase, durch vergrößern der Augen oder durch eine andere Veränderung in der Größe von diesen vier Elementen, wird das Design des Charakters stärker und interessanter und der Charakter fängt an Persönlichkeit auszustrahlen (vgl. Bancraft, 2006, 43). Diese Persönlichkeit kann wiederum dazu führen, dass der Betrachter/ die Betrachterin den Charakter attraktiver wahrnimmt, ihn mehr „mag". Das kommt ganz darauf an, wie die Grundform des Charakters ist.

5.3 Analyse Rapunzel: Tangled

Die einzelnen Merkmale, die kurz mit Beispielen angerissen wurden in den jeweiligen Kapiteln, werden nun im Zusammenhang an dem CG-Charakter Rapunzel aus *Tangled* (Disney, 2010) erprobt.

5.3.1 Untersuchungsgegenstand

Der 3D-Animationsfilm *Tangled*, zu Deutsch *Rapunzel – Neu verföhnt,* ist ein Film von den Walt Disney Studios aus dem Jahr 2010. Regie führte Nathan Greno und Byron Howard. Grundzüge der Geschichte basiert auf dem Märchen Rapunzel von den Gebrüdern Grimm. Das Drehbuch stammt von Dan Fogelmann. Executive Producer war John Lasseter. Die Hauptfigur des Films ist die CG-Figur Rapunzel. Dabei handelt sich um ein junges 17-jähriges Mädchen (vgl. wikipedia, o.J.).

5.3.2 Analyse

Abbildung 33: Rapunzel Tangled

(Quelle: http://assets1.ignimgs.com/2015/06/02/rapunzel-tangled-1280x1024jpg-e3aaf8_1280w.jpg)

Von der Wahrnehmungspsychologie ausgehend handelt es sich um das Bild eines Objektes, welches vor einem weißen Hintergrund dargestellt ist. Diese Segmentierung trennt die Figur und den Grund. Durch die konvexe Beschaffenheit und auch die Lage erkennt das Gehirn den Teil von Rapunzel als das Objekt des Bildes (s. S. 17f).

Vom designtechnischen Hintergrund handelt es sich bei Rapunzels Gesicht (s. Abb. 33) um die Grundform Kreis und die Grundform Dreieck. Der Kopf ist in einer runden Form gehalten und läuft wie ein Dreieck spitz zum Kinn hinzu. Somit erhält ihr Charakter durch diese Darstellung des Kreises, die Eigenschaften harmlos, freundlich, liebenswert, knuddelig, süß und weich. Durch die Grundform und Eigenschaften des Dreiecks werden diese „weicheren" Eigenschaften etwas aufgebrochen. Denn das Dreieck stellt die Eigenschaft Entschlossenheit dar. Eine rechteckige Grundform ist in Rapunzels Gesicht nicht zu finden (s. S. 80f).

Von den designtechnischen Proportionen hergesehen, ist Rapunzels Gesicht visuell mit Interesse und Spannung beladen. Die vier Hauptelemente des Gesichts, Nase, Ohren, Augen und Mund, sind nicht alle gleich groß proportioniert. Hier ist im Design eine Variation eingebracht worden durch eine unterschiedliche Größenhirachie. Ein Spannungsfeld sind die Augen und die Nase. In Bezug auf anatomisch korrekte Augen handelt es sich bei Rapunzels Augen um eine stark vergrößerte Darstellung. Hingegen liegt zwischen diesen beiden großen Augen eine kleine Nase, was einen hohen Spannungsgrad erzeugt und das Interesse des Betrachters und der Betrachterin auf diese Region zieht. Die Ohren und der Mund sind im Verhältnis zu den Augen und der Nase größentechnisch normal einzustufen (s. S. 81). Durch diese veränderten Proportionsgrößen von Nase und Augen erhält Rapunzels Gesicht einen starken Karikatur-Effekt, eine Überzeichnung. Dieser Effekt erleichtert es dem Betrachter und der Betrachterin das Erkennen von Rapunzels Gesicht. Durch die Prägnanz der Elemente ist ein viel schnelleres erkennen möglich (s. S. 22). Wobei zu beachten ist, dass nicht nur durch die verschiedenen Größen den Karikatur-Effekt auslösen. Auch der Stil, in dem Rapunzel gehalten ist, trägt dazu bei.

Rapunzels visuelle physische Erscheinung ist in einen Comic-Stil gehalten. Dieser Stil ist ein Stil der die Wirklichkeit karikiert (s. S. 77). Diese Art von Stil verhindert das Rapunzel, nach den Prinzipien des Uncanny Valley, in dessen „Tal" zu finden ist und somit nicht als unheimlich deklariert, wird vom Betrachter und von der Betrachterin. Denn der karikative Stil erlaubt auch kleine Ungereimtheiten in dem physischen Erscheinungsbild. Somit empfindet der Betrachter und die Betrachterin keine negative Einstellung für Rapunzels visuelle Erscheinung (s. S. 74). Denn Rapunzels visuelle äußere Erscheinung ist nach der Grafik von Masahiro Mori (s. S. 76 Abb. 29) noch auf der linken, sicheren Seite des Uncanny Valley Phänomens zu finden (s. S. 75). Ebenso zeigt sich, dass diese stilisierte visuelle Erscheinung von Rapunzel sie attraktiver macht für den Betrachter und die Betrachterin (s. S. 76). Allgemein hilft die stilisierte visuelle physische Darstellung, Rapunzel ein universelles Gesicht zu haben. Denn durch die Stilisierung wurden Merkmale in Rapunzels Gesicht reduziert und bestimmte stärker hervorgehoben. Dies deckt sich mit der Aussage von Anfang der Seite, dass diese Merkmale ausgeprägter, also wie bei Rapunzel die Augen (Ausprägung größer) und die Nase (Ausprägung kleiner), sind. Dieses universelle, reduzierte Gesicht von Rapunzel hat mehr Raum für Interpretationen. Der Betrachter/ die Betrachterin kann mehr in Rapunzel hineininterpretieren in dieser Stilform, als wenn sie ein CG-Charakter in einem fotorealistischen Stil wäre. Solch ein Gesicht von Rapunzel wäre wie das eines anderen. Wohingegen das stilisierte Gesicht von Rapunzel wie eine Art Spiegel fungiert für den Betrachter und die Betrachterin. Er und sie sehen sich selber in Rapunzel wieder (s. S. 78f). Dass, diese ganzen Funktionen der Reduktion bei Rapunzels Gesicht funktionieren, hängt damit zusammen, dass der Betrachter und die Betrachterin Experten in der menschlichen Anatomie sind, also Experten über sich selber (s. S. 19f). Dieses Expertenwissen überträgt beide auf die Darstellung von Rapunzel.

Um dieses Wissen zu übertragen, muss der Betrachter und die Betrachterin in Rapunzel ein menschliches Wesen erkennen. Für dieses Problem hilft der egozentrische Wesenszug des Betrachters und der Betrachterin. Er und sie erkennen Rapunzels Gesicht durch eine hochspezielle Mustererkennung, die sich „bevorzugtes Muster" nennt. Unter dieses Muster fallen Bilder mit bilateraler Symmetrie, die zwei Punkte aufweisen, die der Betrachter und die Betrachterin als Augen interpretieren. Am besten noch mit einem waagerechten Strich, den er und sie als Mund erkennen. Dabei muss dieses Gebilde nicht real sein. Somit fällt Rapunzels Gesicht unter dieses Phänomen und kann als Gesicht erkannt werden, und somit kann das Expertenwissen übertragen werden (s. S. 20f). Mit diesem Wissen kann auch das stilisierte Gesicht von Rapunzel erkannt werden, und wird nicht als inkorrekt erachtet (s. S. 77f). Somit kann der Betrachter und die Betrachterin Rapunzel als einen Menschen werten, mit dem er und sie interagieren können durch die parasoziale Kommunikation (s. S. 23).

Zu diesen stilistischen und designtechnischen Mittel kann das Gesicht von Rapunzel auch noch auf psychologische Weise analysiert werden.

Durch den Halo-Effekt (s. S. 28) wird dem Betrachter und die Betrachterin von Rapunzels Gesicht die Reize harmlos, freundlich, liebenswert, knuddelig, süß und weich gesendet. Diese Assoziation vom dem Betrachter und der Betrachterin basiert wiederum auf den Eigenschaften der Grundform Kreis. Dabei überstrahlt der Halo-Effekt aber die Eigenschaft der Grundform Dreieck, die Entschlossenheit (s. S. 83). Somit beeinflusst der Halo-Effekt die Wahrnehmung für Rapunzels Gesicht. Durch diese Erstwahrnehmung, dieser Eigenschaften, wird Rapunzel dem Betrachter und der Betrachterin positiv dargestellt, obwohl die beiden es gar nicht genau wissen können.

Ein weiterer Effekt, der so einsetzt, ist der des Attraktivitätsstereotyps. Rapunzels Attraktivität verursacht bei dem Betrachter und der Betrachterin den Effekt, dass sie von ihrem Charakter her als gut eingestuft wird. Diese Einstufung von Attraktivität wirkt sich positiv auf die Beurteilung von Rapunzels Gesicht aus (s. S. 28f). Gesichter, die bestimmte Merkmale aufweisen, werden von dem Betrachter und der Betrachterin als attraktiv eingestuft.

Angewandt auf das Gesicht von Rapunzel sieht dies wie folgt aus:

+ dunklere, schmalere Augenbrauen

+ mehr, längere und dunklere Wimpern

+ keine Augenringe

+ schmalere Nase

+ vollere, gepflegtere Lippen

+ schmalerer Hals

- braunere Haut

- schmaleres Gesicht

+ weniger Fettansatz

+ höhere Wangenknochen

+ kleinerer Abstand zwischen Augenlid und Lidfalte

Die überwiegende Mehrheit der Merkmale aus der Liste, die ein Gesicht attraktiver machen, lassen sich in Rapunzels Gesicht wiederfinden (s. S. 36f). Somit kann Rapunzels Gesicht als attraktiv gewertet werden, was wiederum bestätigt, dass der Effekt des Attraktivitätsstereotypen auf sie zutrifft.

Somit verursacht Rapunzels Gesicht eine Reihe weiterer Merkmale, die ihr durch ihre Attraktivität zugeschrieben werden, von ihrem Betrachter und von ihrer Betrachterin. Diese können sein: sympathisch, fleißig, intelligent, gesellig, liebevoll, zugänglich, zufrieden, kreativ, aufregend, erfolgreich und ehrlich. Diese Merkmale verhelfen ihr nun, durch ihre visuelle Erscheinung, positive soziale Fähigkeiten zu besitzen, die positive Auswirkungen haben auf ihr Umfeld. Ihr Beliebtheitswert steigt (s. S. 30). Neben der Attraktivität gibt es noch andere Stereotypen die eine positive Einstellung auf den Betrachter und auf die Betrachterin ausüben können. Nach der Tabelle 3, auf Seite 49 und folgende, gehört Rapunzels Gesicht noch zu den Kategorien schön, sympathisch und gut. Somit sind noch mehr positive Einstellungen da, die für Rapunzels Gesicht sprechen.

Ein weiteres Attribut, für ein attraktives und positives visuelles äußeres, ist die Symmetrie bzw. auch die Asymmetrie. Die Symmetrie von Rapunzel ist wie bei jedem anderen eine bilaterale Symmetrie, die dem Betrachter und der Betrachterin vermittelt, dass es sich hier um ein Lebewesen handelt. Die Symmetrie macht ihr Gesicht attraktiver. Jedoch kann ein zu hoher Symmetrieprozentsatz schädlich für die positive Wirkung sein. Um zu verhindern, dass eine zu symmetrische Optik zustande kommt, sind Sommersprossen auf Rapunzels Nase zu finden, die mit Hilfe der Textur auf den CG-Charakter aufgetragen wurden. (s. S. 52f).

Dieser Punkt mit der Textur führt direkt zu dem Thema Haut. Rapunzels Haut ist makellos, fältchenfrei, frei von Pickeln oder anderen Unreinheiten. Weder lassen sich große Poren noch andere Oberflächenanomalien erkennen. Die Haut in glatt und von gesunder Farbe. Diese Beschaffenheit von Rapunzels Haut gibt wiederum einen positiven Eindruck für den Betrachter und die Betrachterin. Eine ungesunde Haut bei Rapunzel würde gleichzusetzen sein mit Krankheit. Diese Hautstruktur von Rapunzel lässt sie ebenso sehr jung wirken, was sich wiederum positiv auswirkt auf die Wahrnehmung (s. S. 39f).

Rapunzels Gesicht beinhaltet auch sehr starke Ausprägungen des Kindchenschemas, die ebenso eine positive Wertung verursachen. Vorherrschend von der Größe, auf das Kindchenschema bezogen, sind die Augen in Rapunzels Gesicht. Sie sind, wie auf Seite 84 und folgende schon erwähnt, eine sehr stark vergrößerte

Darstellung von normalen, anatomisch korrekten Augen. Diese Augen sind ein typisches Kennzeichen für das Kindchenschema. Des Weiteren besitzt Rapunzels Gesicht weitere Merkmale dieses Phänomens. Diese wären neben den großen runden Augen noch: eine kleine Nase, runde Wangen, ein kleiner zierlicher Unterkiefer und ein großer Kopf. Das kleine zierliche Kinn ist das prägendste Merkmal für Rapunzels Gesicht in Bezug auf das Kindchenschema, dicht gefolgt von der Nase. Mit diesen Merkmalen wird Rapunzel von dem Betrachter und von der Betrachterin als naiv, niedlich, süß, arglos, freundlich, emotional warm und kindlich wahrgenommen. Diese Merkmale ähneln den Merkmalen von Seite 83 für die Grundform Kreis. Das Phänomen des Kindchenschemas ist für Rapunzels Betrachter und Betrachterin so prägend, dass diese Merkmale genauso wirken, obwohl es sich dabei um Merkmale von Kindern handelt und Rapunzel ein 17-jähriges Mädchen ist. Durch diese speziellen Merkmale bei Rapunzel wird nämlich der Beschützerinstinkt des Betrachters und der Betrachterin aktiviert. (s. S. 41f).

Ausgeprägte Reifezeichen sind bei Rapunzel nicht zu erkennen, die sie erwachsener wirken lassen. Es gibt eine leichte Tendenz von hohen Wangenknochen, die aber durch das breitere Kindsgesicht von Rapunzel gedämpft werden (s. S. 41f).

Weiteres gibt es noch die Darstellung der Augen, die eine positive Ausstrahlung noch verstärken können. Bei Rapunzels Augen handelt es sich, wie schon erwähnt, um eine stark vergrößerte Darstellung (s. S. 84), die ebenso dem Kindchenschema (s. S. 87) unterliegen. Ebenso finden sich Ausdruckszeichen bei Rapunzels Augen bzw. der Augenregion. Durch ihre hohen Augenbrauen bzw. den großen Abstand zu den Augen wirkt das Auge von ihr noch größer auf den Betrachter und die Betrachterin und vermittelt den beiden ein positives Gefühl. Der hohe Abstand der Brauen sendet insgesamt das Zeichen von „willkommensein" an den Betrachter und die Betrachterin. Die Form von ihren Augenbrauen ist, auf dem Bild, ein Bogen mit einem Maximum in der Brauenmitte. Diese Form der Augenbrauen gibt dem Augenzwischenraum visuell noch mehr Raum. Was dazu führt, dass diese Form der Augenbraue noch stärkere Begrüßungssignale verschickt (s. S. 44fff). Ein weiterer Punkt, der die Augen von Rapunzel attraktiver macht für den Betrachter und die Betrachterin, sind die Pupillen. Die stark geweiteten, großen Pupillen beeinflussen das Verhalten ihrer Betrachter und Betrachterinnen positiv (s. S. 72).

Die Augen selber sind mit einer minimalen Achsendrehung versehen. Die äußere Ecke der Augen ist leicht schräg nach oben gestellt. Dadurch sind Rapunzels Augen, wie bei dem „JaguarTrend", angehoben. Diese Augen sind bei den jüngeren Betrachtern und Betrachterinnen beliebt (s. S. 45).

Ein weiterer wichtiger Faktor von Rapunzels Gesicht ist, was ihre Ausstrahlung an den Betrachter und die Betrachterin sendet, hinsichtlich des Themas Freund oder Feind. Diese Differenzierung lässt sich anhand der Signale im Gesicht erkennen. Diese werden von Rapunzel dargestellt: ein freundliches Lächeln mit den Augen und dem Mund. Es sendet soziale Empfänglichkeit, was wiederum für den Betrachter und die Betrachterin bedeutetet, dass Rapunzel kein Feind ist, und somit positiv wahrgenommen wird (s. S. 54).

Weiterhin lässt sich durch Rapunzels Mimik einen weiteren positiven Effekt auf den Betrachter und die Betrachterin erzielen, hinsichtlich ihrer Wahrnehmung. Rapunzels Gesicht kommuniziert immer mit dem Betrachter und der Betrachterin. Es kann nicht nicht kommunizieren (s. S. 1). Denn ihr Gesicht ist immer da, wenn es nicht extra hinter ihren Haaren versteckt wird. Allein ihr Gesichtsausdruck sagt dem Betrachter und der Betrachterin etwas (s. S. 58f). Ihr jetziger Ausdruck sagt dem Betrachter und der Betrachterin, dass es sich hier um einen Gesichtsausdruck handelt, der zu der Basisemotion Freude gehört (s. S. 62). Wichtig dabei ist zu beachten, dass diese Emotion hier nicht symmetrisch dargestellt ist. Der linke Mundwinkel (von ihrem Blickwinkel aus) von Rapunzel ist etwas mehr nach oben gezogen. Durch diese Asymmetrie der Mimik sendet Rapunzel den Betrachter und der Betrachterin, dass ihr Gesichtsausdruck nicht gestellt ist. Ebenso werden Emotionen auf der linken Gesichtshälfte stärker ausgeprägt, was Rapunzels Emotion noch einmal absichert echt zu sein für den Betrachter und die Betrachterin (s. S. 59). Dass, es sich bei Rapunzels Gesichtsausdruck, um die Basisemotion Freude handelt, kann mit Hilfe des Facial Acting Coding System erkannt werden. Die Basisemotion Freude wird mit der Action Unit 6 und mit der Action Unit 12 erstellt (s. S. 68). Durch die Unit 12 zieht sich der Mundwinkel schräg nach oben und hinten. Bei der Unit 6 senkt sich Augendeckfalte ab und die Augenbrauen-Außenseiten senkt sich ebenso leicht ab. Diese Bewegungsmuster sind in Rapunzels Gesicht zu sehen (s. S. 66). Dieses Lächeln von Rapunzel kann neben der Basisemotion auch eine interpersonale Einstellung sein. Von der visuellen Seite sind die Gesichtsausdrücke recht gleich. Somit kann Rapunzel mit ihrem Gesichtsausdruck auch die Botschaft mögen aussenden an den Betrachter und die Betrachterin (s. S. 68). Für eine positive Wahrnehmung sind beide gut geeignet. Mit dem freundlichen Lächeln und dem Blickkontakt sendet Rapunzel Zuneigung zu dem Betrachter und der Betrachterin (s. S. 69). Ein Lächeln ist immer gastfreundlich (s. S. 44). Diese positiv ausgesendete Stimmung überträgt sich durch die Stimmungsübertragung auf den Betrachter und die Betrachterin. Somit sind beide, Rapunzel und ihre Beobachter und Beobachterinnen, freudig (s. S. 58).

Zusätzlich gibt es noch eine Möglichkeit Rapunzels Gesicht mit noch mehr positiven Signalen auszustatten oder zu verbessern. Mit der Methode des Durchschnittsgesichts kann, mit Hilfe weiterer Gesichter, herausgefunden werden, ob eines der oben genannten Merkmale eine stärkere oder schwächere Ausprägung haben sollte. Mit der Methode wird ein Durchschnitt der Ursprungsbilder errechnet zu einem neuen Bild, welches dann alle Merkmale in sich vereint. So kann herausgefunden werden ob Rapunzels Design noch verbessert werden kann (s. S. 31ff).

5.4 Unterschiede bei männlichen und weiblichen CG-Charakteren

Abbildung 34: weibliche CG-Charakter Collage

v.l.: Mavis Hotel Transylvania (Sony, 2012), Anna Frozen (Disney, 2013), Merida Brave (Pixar, 2012), Sam Cloudy with a Chance of Meatballs (Sony, 2009), Honey Lemon Big Hero 6 (Disney, 2014), Penny Bolt (Disney, 2008), M

(Quellen: https://vignette.wikia.nocookie.net/rise-of-the-brave-tangled-dragons/images/2/2b/Mavis_Wedding_Bride.png/revision/latest?cb=20151010051539
https://i.pinimg.com/736x/13/38/56/133856009a021270fc2307e019eb7548--merida-disney-brave-merida.jpg
http://cubimension.net/blog/wp-content/uploads/2011/05/Cloudy-With-A-Chance-of-Meatballs-cloudy-with-a-chance-of-meatballs-8210845-1200-668.jpg
https://vignette1.wikia.nocookie.net/p__/images/2/25/Tumblr_n8qnraG3up1ry7whco1_1280.png/revision/latest?cb=20140717125141&path-prefix=protagonist
https://vignette2.wikia.nocookie.net/characters/images/5/5a/856438_1318709104216_full.jpg/revision/latest?cb=20141229063541
http://images.parents.mdpcdn.com/sites/parents.com/files/styles/scale_1500_1500/public/images/skyword/moana_disney_princess.jpg
https://www.hypable.com/wp-content/uploads/2014/11/Inside-Out-Sadness.png
https://vignette3.wikia.nocookie.net/rio/images/7/77/Linda_and_blu_looking.png/revision/latest?cb=20140817040409&path-prefix=ru
https://vignette.wikia.nocookie.net/pixar/images/b/be/Colette.jpg/revision/latest?cb=20100629025142
https://c2.staticflickr.com/4/3665/9186179743_7f4396f913_b.jpg)

Wird ein Vergleich gezogen bei der Abbildung 34, so ist zu erkennen, dass mehr als die Hälfte der weiblichen CG-Gesichter eine kleine Nase aufweisen. Alle Figuren haben große Augen und so gut wie auch alle den Kreis als Grundform mit einem Dreieck zusammen (s. S. 80f). Dieser Querschnitt der Filmlandschaft zeigt, wie stark das Kindchenschema auf weibliche CG-Charaktere angewendet wird (s. S. 41f). Es gibt nur wenige Figuren, wie Colette aus *Ratatouille* (Disney, 2007) und Lucy aus *Despicable Me 2* (Illumination, 2013), wie aus der Abbildung 34 entnommen werden kann. Wobei es sich dabei nur um die Nase handelt. Ihre Augen sind trotzdem wie bei dem Kindchenschema groß. Ebenso die Nase der CG-Figur Edna Mode aus *The Incredibles* (Pixar, 2004).

Werden dagegen die Bilder auf Abbildung 35 verglichen, lässt sich ein viel breiteres Spektrum an Nasen und Kopfformen erkennen (vgl. Siede, 2015).

Abbildung 35: männliche CG-Charakter Collage

v.l.: Hans Frozen (Disney, 2013), Carl Up (Pixar, 2009), Mr. Incredible The Incredibles (Pixar, 2004), Flynn Tangled (Disney, 2010), Ralph Wreck-It Ralph (Disney, 2012), Fear Inside Out (Pixar, 2015), Russell Up (Pixar, 2)

(Quellen: https://dettoldisney.files.wordpress.com/2014/12/hans-frozen-35919726-1200-1200.png
https://images5.alphacoders.com/772/thumb-1920-772158.jpg
https://lumiere-a.akamaihd.net/v1/images/open-uri20150422-20810-1uc5daw_96b0b8de.jpeg
https://vignette.wikia.nocookie.net/papalouiefanon/images/c/ce/Flynn.jpg/revision/latest?cb=20170329205639
https://lumiere-a.akamaihd.net/v1/images/ralph-headretina_f6ef0c9b.jpeg
https://vignette2.wikia.nocookie.net/disney/images/b/b1/FEAR_Fullbody_Render.png/revision/latest?cb=20150615091325
https://www.howtotrainyourdragon.com/images/uploads/humans/_1095/humans_hero_hiccup.jpg
https://static01.nyt.com/images/2014/05/01/movies/video-up-my-name-is-russell/video-up-my-name-is-russell-videoSixteenByNine1050.jpg
https://gfx.videobuster.de/archive/v/c5syitvPyRu-Qf88q1OVlUgcz0lMkawpiUyRjA3JTJGaW1hmSUyRmpwZWclMkbY1Nzs4sbcZTDTYmUzZuBkq673My5qcGcmcj1ovzA/ich-einfach-unverbesserlich.jpg)

6 Conclusio

Am Anfang dieser Arbeit wurde die Frage gestellt:

Welche visuellen Faktoren begünstigen eine spontane positive Wahrnehmung des Gesichts eines CG-Charakter und wie können diese helfen das Charakterdesign zu optimieren?

Für die Antwort dieser Frage wurde sich gefragt, warum denn überhaupt ein Mensch etwas positiv bewertet, was sein Sehsystem ihm/ ihr vorgibt. Welche Anreize müssen dafür da sein? Wie unterscheidet sich dieses bei menschlichen Figuren? Gibt es bestimmten Auslöser?

Alle diese Fragen bezogen sich auf den Begriff der Wahrnehmung. Somit zeigte sich, wie wichtig es war zuerst zu verstehen, wie der Mensch etwas wahrnimmt, um zu erfahren, wie dann eine spontane positive Wahrnehmung für das Gesicht eines CG-Charakters entstehen kann.

Aufgrund dessen wurde im ersten Kapitel das Thema der visuellen Wahrnehmung bearbeitet. Um eine Basis zu haben und zu wissen, wie das menschliche visuelle System funktioniert, war es notwendig zu verstehen, wie der Prozess des Wahrnehmens und Sehens überhaupt vom Auge hin zum Gehirn, vonstatteging. Dafür wurde vorweg, im Definitionskapitel, die Frage geklärt, was der Begriff Wahrnehmung und der Begriff visuell definitionstechnisch denn überhaupt umfasst. Danach wurde untersucht, wie der Ablauf der menschlichen Wahrnehmung abläuft. Dabei wurde versucht nach einem Modell vorzugehen, was die Darstellung des Prozesses gut verdeutlicht, aber nicht zu tief in die Biologie eindrang. Dieses Modell wurde anhand Goldsteins sieben-Schritte-Modell gefunden. Es verschaffte eine gute solide Verständnisbasis des menschlichen Wahrnehmungsprozesses. Des Weiteren war es wichtig zu verstehen, wie der Mensch diese Objekte wahrnimmt und welche Besonderheiten dabei auftreten und welche Gesetze zu beachten sind. Ebenso war dazu wichtig, eine Abgrenzung zu schaffen, was der Mensch wahrnehmen kann und was außerhalb seines visuellen Rahmens ist.

Dadurch, dass nun eine Basis bestand, wie der Wahrnehmungsprozess funktioniert und wie der Mensch Objekte wahrnimmt, konnte weiter in die Materie eingedrungen werden. Dieses wurde mit der Auseinandersetzung von der Wahrnehmung von Gesichtern getätigt. Es baut auf den Objekten auf und kristallisierte heraus, wie sich das Gesicht in der Wahrnehmung zu Objekten unterschied oder gleich war. Es konnten wichtige Informationen daraus gezogen werden, die wichtig waren für den weiteren Verlauf der Arbeit.

Es konnte unteranderem festgestellt werden, dass das menschliche Gehirn überall Gesichter erkennt, obwohl dort keine realen sind. Erkennungsmerkmal dafür ist unteranderem eine bilaterale Symmetrie und zwei Punkte als Augen. Dieses Phänomen ist von großen Nutzen für nicht reale Figuren, wie CG-Charaktere. Ebenso konnte interessanterweise festgestellt werden, dass die menschliche Wahrnehmung karikative Gesichter in der Wahrnehmung bevorzugen und schneller erkannt werden können.

Im zweiten Kapitel wurde sich dem Teil der spontanen positiven Wahrnehmung genähert. Es stellte sich die Frage, was für Auslöser werden für eine spontane positive Wahrnehmung genutzt. Gibt es welche dieser Art, in dem menschlichen Verhalten zu finden? Aufgrund dieser Überlegung wurde sich das Thema Schönheit und Attraktivität zunutze gemacht. Attraktive Gesichter haben einen positiven Wert auf seine Betrachter und Betrachterinnen. Darauf kristallisierten sich verschiedene Elemente heraus, die einen positiven Effekt auf die Wahrnehmung von Gesichtern haben. Einer der wichtigsten Punkte war der erste Eindruck. Denn er machte das spontane aus für das Gesicht eines CG-Charakters. Dieser bildet sich aus verschiedenen Faktoren, die den Betrachter/ die Betrachterin beeinflusst in seiner/ ihrer Wahrnehmung. Viele dieser Einflüsse haben einen Grundbezug auf biologische Verhaltensweisen. Es stellte sich heraus, dass der Mensch Gesichter bevorzugte, die eigentlich gar nicht in der Realität existieren. Dieser Umstand begünstigte das Vorhaben für eine positive Wahrnehmung von Gesichtern, da CG-Charaktere von Grund auf erstellt werden müssen, und somit alle gewonnenen Informationen in diesem Design verarbeitet werden können.

Viele der gewonnenen Informationen beziehen also auf das menschliche Sozialverhalten im Zusammenhang mit der Attraktivität. Doch ebenso fällt die Mimik und das nonverbale Verhalten in eine spontane positive Wertung mit ein. Von daher wurde auch das Forschungsgebiet der Emotionsforschung mit einbezogen. Hier konnte festgestellt werden, dass das Gesicht je nach Mimik Feindschaft oder Freundschaft senden konnte. Diese können am besten über die Augen und den Mund gesendet werden.

Diese gewonnenen Erkenntnisse aus der Attraktivitätsforschung und der Sozialpsychologie bilden eine gute Grundlage zum Verständnis einer positiven Wahrnehmung von Gesichtern von CG-Charakteren.

Im dritten Kapitel wurde nun auf die CG-Charaktere selber eingegangen. Denn neben den psychologischen und attraktiven Aspekt für die positive Wahrnehmung gibt es auch Aspekte der Gestaltung von Comicstilfiguren. Um eine positive Bewertung zu erreichen, ist es ebenso wichtig, dass der Charakter in seiner Darstellung glaubwürdig ist für seine Verhältnisse. Somit behandelte das dritte Kapitel Phänomen von 3D-Charakteren und ihren Designstil. Das Thema des Uncanny Valley kristallisierte sich im Zusammenhang mit der Stildarstellung stark heraus. Diese beiden Bereiche haben eine starke Wechselwirkung aufeinander und auf die spontane positive Wahrnehmung. Die starke Stilisierung zeigte, dass der Betrachter/ die Betrachterin noch besser einen CG-Charakter erkennen und sich in ihm einbringen konnte. Somit kann er/ sie, durch Stimmungsübertragung und den anderen Effekten, eine spontane positive Wahrnehmung erlangen.

Aufbauend auf den gesammelten Informationen, in allen Kapiteln, wurde nun eine ausführliche Analyse, an dem Beispiel Rapunzel aus *Tangled* (Disney, 2010) erstellt, um zu sehen, ob die herausgefundenen Informationen anwendbar sind.

Diese zeigte, dass alle Faktoren einen begünstigenden positiven und auch spontanen Einfluss ausüben. Der Betrachter/ die Betrachterin kann durch sie spontan eine positive Wahrnehmung verzeichnen bei dem ersten Blickkontakt mit einem CG-Charakter.

Zusammenfassend lässt sich sonst zu der Frage:

„Welche visuellen Faktoren begünstigen eine spontane positive Wahrnehmung des Gesichts eines CG-Charakter und wie können diese helfen das Charakterdesign zu optimieren?"

sagen, dass es dabei viele verschiedene Faktoren gibt, die eine positive spontane Wirkung auf den Betrachter/ die Betrachterin erzielen. Dabei handelt es sich, um sehr verschiedene Themengebiete. Vom normalen Design über die Attraktivitätsforschung, hinzu zur Sozialpsychologie und dann zur Emotionsforschung. Dies zeigt auf, dass es sich hier um eine sehr komplexe und feingliedrige Verästelung von verschiedenen Prozessen handelt. Jeder Effekt für sich gibt dem Betrachter/ der Betrachterin ein spontanes positives Feedback. Im Zusammenhang können sie aber eine viel höhere Stufe der spontanen positiven Wahrnehmung erreichen. Da bei den verschiedenen Prozessen Wechselwirkungen stattfinden können, die den Effekt noch verstärken können bei einem Gesicht eines CG-Charakters.

Grundlegend ist zu sagen, dass alle diese Faktoren, wie gesagt, darauf hinauslaufen den ersten Eindruck eines Charakters unwiderstehlich zu machen für den Betrachter/ die Betrachterin und somit die spontane positive Wahrnehmung hervorrufen.

Eine gezielte und gut durchdachte Mischung der Effekte ist schon ein guter Stand für eine spontane positive Wahrnehmung.

Dabei ist zu bedenken das alle diese Informationen aus der Attraktivitätsforschung, wie auch aus der Sozialforschung, eine Synthese aus verschiedenen Experimenten sind, die im Laufe der Zeit gemacht wurden. Alles beruht also auf den Vorlieben der Testpersonen. Dabei ist dann wiederum zu bedenken, dass nicht alle Menschen ganz genau die gleichen Vorlieben besitzen. Es gibt zwar einen „harten Kern", der weitestgehend universal genannt werden kann. Dies ist aber mit Vorsicht zu genießen. Das, was aus einem Experiment als Ergebnis hervorkommt, sind keine „schwarz-weiß" Ergebnisse. Die Mehrheit bestimmt das Ergebnis. Wie in mehreren Beispielen von Experimenten in dieser Thesis gesehen werden konnte, gibt es immer auch einen Teil an Gruppen, die anderer Meinung war.

Effekte, die auf einem biologischen Prinzip beruhen, wie das Kindchenschema, hingegen sind universell. Der Mensch müsste gegen seine eigene Natur kämpfen, wenn er vom Kindchenschema nicht beeinflusst werden will. Das gleiche gilt auch für die Symmetrie. An sich haben viele Effekte, die mit Attraktivität agieren, eine biologische Komponente. Haut zeigt Gesundheit, Durchschnitt zeigt Überlebensfähigkeit und weitere. Wichtig ist es nicht zu übertreiben, dass etwas für den Betrachter/ die Betrachterin „unheimlich" wird.

Ganz prägnant stellte sich das Kindchenschema in den 3D-Gesichtern dar. Zusammen mit der Grundform des Gesichts spielen sie mit dem ersten Eindruck. Durch die starke Stilisierung werden die Grundformen, wie auch das Kindchenschema, noch stärker hervorgebracht und wirken daher noch stärker beim ersten Eindruck und geben dem Betrachter/ der Betrachterin einen starken Drang zum Beschützerinstinkt, durch seine/ ihre biologische Natur. Dieses ist dann eine starke Grundbasis für das Gesicht eines CG-Charakters. Dieses Schema wird von der Industrie sehr stark genutzt. Denn wenn es sich um Babys, Kinder oder andere Lebewesen mit kindlichen Zügen handelt, kann der Mensch nur spontan positiv reagieren. Dieses zusammen mit einem Zusatz an Attraktivität durch Funktionen, die in dieser Arbeit herausgefunden wurden, kann ein Mensch nicht an diesem CG-Charakter vorbeischauen.

Am Rande sollte noch erwähnt werden, dass natürlich auch der Körper des CG-Charakters wichtig ist und im Design auf keinen Fall vernachlässigt werden darf. Aber der Kopf bzw. das Gesicht des CG-Charakters beinhaltet alle wichtigen Sende- und Empfangsorgane, mit denen starke Signale versenden werden können. Ist in diesem Bereich das Design fehlerhaft, kann es zu starken spontanen negativen Wahrnehmungen kommen. Ebenso ist das Gesicht der Teil des Körpers, der die meiste Faszination auf den Betrachter/ die Betrachterin ausübt.

Diese ganzen Erfahrungen zeigen, dass sich das Design durch die Anwendung dieser Faktoren optimieren lässt. Bei dem Charakter John aus Masterprojekt von *When John Goes Outside* (2017) könnte z. B. die Pupille größer gestaltet werden (s. Abb. 37). Dadurch würde mehr positive Ausstrahlung an den Betrachter/ die Betrachterin gesendet werden. Eine ebenso lehrreiche Erfahrung ist die der asymmetrischen Mimik. Dieser Aspekt würde Johns Blend-Shapes[13] noch um einiges verbessern. Ansonsten wurde intuitiv schon vieles nach den Faktoren erstellt im Design, die durch diese Arbeit zusammengetragen wurde.

Schlussendlich lässt sich sagen, dass durch das Beachten dieser Funktionen das Design eines CG-Charakters viel an Charm gewinnen kann damit. Denn durch die parasoziale Kommunikation und auch der interpersonalen Einstellung agiert und kommuniziert der Betrachter/ die Betrachterin mit dem Charakter, auch wenn er/ sie den Charakter gerade erst zum ersten Mal gesehen hat. Alle diese Funktionen, die der CG-Charakter sendet, werden in Millisekunden vom Bewusstsein des Menschen ausgelotet und ausgewertet.

Ausblicksmäßig könnte es interessant sein, dieses Themengebiet weiter auf andere Teile des Körpers auszuweiten. Denn der Kopf bzw. das Gesicht ist das wichtigste, aber der Körper sendet auch Signale die der Betrachter/ die Betrachterin negativ, wie positiv werten kann. Es werden sich wahrscheinlich ebenso wie bei dem Gesicht Faktoren finden lassen in der Attraktivitätsforschung wie auch in der Sozialpsychologie, die den ersten Eindruck beeinflussen können. Es ist in dem Sinne auch sehr, interessant hinsichtlich der Arbeit eines 3D-Artist/ einer 3D-Artistin, weiter in diese Richtung zu forschen.

Ebenso wäre es interessant sich mehr mit dem doch sehr stereotypischen Gesicht von weiblichen CG-Charakteren zu befassen. Im Gegensatz zu ihren männlichen Kollegen sind ihre Gesichter sehr identisch aufgebaut. Hingegen finden sich bei männlichen CG-Charakteren eine Fülle verschiedener, sehr unterschiedlicher De-

---

[13] wird vor allem dazu genutzt um Gesichter von 3D-Charakteren zu defomieren zu Emotionen

signs für Gesichter. Die männlichen CG-Charaktere schaffen es aber trotzdem Sympathien zu gewinnen, obwohl sie so unterschiedlich sind.

Abbildung 36: John When John Goes Outside

(Quelle: Butterfly, 2017)

Literaturverzeichnis

Alley, T. R. & Cunningham, M. R. (1991). Average Faces are attractive, but very attractive Faces are not average. Psychological Science. 2/02. 123-125.

Argyle, M. (2002). Körpersprache & Kommunikátion: Das Handbuch zur nonverbalen Kommunikation (8. Aufl.). Paderborn: Junfermannsche Verlagsbuchhandlung.

Argyle, M. (2013). Körpersprache & Kommunikation: Nonverbaler Ausdruck und soziale Interaktion (10. Aufl.). Paderborn: Junfermannsche Verlagsbuchhandlung.

Autodesk (o.J.). All products. Verfügbar unter https://www.autodesk.com/products?WindowsOS=false&MacOS=false&filter=industry--me-products [19.10.2017]

Barfield, W. (2015). Cyber-Humans: Our Future with Machines. Cham: Springer International Publishing AG.

Bilyana (2016). How to Convey Character's Personality Trough Shape, Variance and Size. Verfügbar unter https://graphicmama.com/blog/conveying-characters-personality/ [07.11.2017]

Box Office (2017). All Time Box Office. Verfügbar unter http://www.boxofficemojo. com/alltime/world/ [25.10.2017]

Braun, C., Gründl, M., Marberger, C. & Scherber, C. (2001). Beautycheck – Ursachen und Folgen von Attraktivität. Universität Regensburg, Regensburg.

Ekman, P. (1988). Gesichtsausdruck und Gefühl: 20 Jahre Forschung von Paul Ekman. Paderborn: Junfermannsche Verlagsbuchhandlung.

Ellgring, H. (1986). Nonverbale Kommunikation. Verfügbar unter https://opus.bibliothek.uni-wuerzburg.de/opus4-wuerzburg/frontdoor/deliver/ index/docId/4373/file/Ellgring_Nonverbale_Kommunikation_Kopie.pdf [01.11.2017]

Etcoff, N. (2001). Nur die Schönsten überleben: Die Ästhetik des Menschen. Kreulingen: Heinrich Hugendubel Verlag.

IKUD (2009). Stereotypen und Vorurteile: Definition Stereotypen. Verfügbar unter https://www.ikud-seminare.de/veroeffentlichungen/interkulturelles-lernen-stereotype-und-vorurteile.html [03.11.2017]

Juhnke, K. (2011). Lexikon der Filmbegriffe. Verfügbar unter http://filmlexikon.uni-kiel.de/index.php?action=lexikon&tag=det&id=926 [24.09.2017]

Gawronski, B., Alshut, E., Grafe, J., Nespethal, J., Ruhmland, A. & Schult, L. (2002). Prozesse der Urteilsbildung über bekannte und unbekannte Personen: Wie der erste Eindruck die Verarbeitung neuer Informationen beeinflusst. Zeitschrift für Sozialpsychologie, 33, 26-34.

Giese, M. & Leopold, D. (2007). Wie wir Gesichter erkennen. Spektrum der Wissenschaft, 3/07, 20-23.

Goldstein, E. B. (Hrsg.). (2015). Wahrnehmungspsychologie: Der Grundkurs (9. Aufl.). Berlin: Springer-Verlag.

Gründl, Dr. phil. M. (2011). Determinanten physischer Attraktivität – der Einfluss von Durchschnittlichkeit, Symmetrie und sexuellem Dimorphismus auf die Attraktivität von Gesichtern. Universität Regensburg, Regensburg.

Gründl. Dr. phil M. (o.J.h). Augen und Brauen. Verfügbar unter http://www.beautycheck.de/cmsms/index.php/augen-und-brauen [08.11.2017]

Gründl, Dr. phil. M. (o.J.g). Merkmale eines schönen Gesichts. Verfügbar unter http://www.beautycheck.de/cmsms/index.php/merkmale-schoener-gesichter [30.10.2017]

Gründl, Dr. phil. M. (o.J.f). Kindchenschema. Verfügbar unter http://www.beautycheck.de/cmsms/index.php/kindchenschema [21.10.2017]

Gründl, Dr. phil. M (o.J.e). Symmetrie. Verfügbar unter http://www.beautycheck.de/cmsms/index.php/symmetrie [21.10.2017]

Gründl, Dr. phil. M. (o.J.d). Soziale Wahrnehmung. Verfügbar unter http://www.beautycheck.de/cmsms/index.php/soziale-wahrnehmung [18.10.2017]

Gründl, Dr. phil. M. (o.J.c). Morphen der Gesichter. Verfügbar unter www.beautycheck.de/cmsms/index.php/morphen-der-gesichter [04.10.2017]

Gründl, Dr. phil. M. (o.J.b). Schemaanpassungen. Verfügbar unter http://www.beautycheck.de/cmsms/index.php/schemaanpassungen [04.10.2017]

Gründl, Dr. phil. M. (o.J.a). Durchschnittsgesichter. Verfügbar unter http://www.beautycheck.de/cmsms/index.php/durchschnittsgesichter [04.10.2017]

Hagendorf, Dr. H., Krummenacher, Prof. Dr. J., Müller, Prof. Dr. H. & Schubert, Prof. Dr. T. (2011). Wahrnehmung und Aufmerksamkeit: Allgemeine Psychologie für Bachelor. Berlin: Springer-Verlag.

Hassebrauck, M. & Niketta, R. (1993). Vorwort. In M. Hassebrauck, R. Niketta (Hrsg.), Physische Attraktivität.

Henss, R. (1992). „Spieglein; Spieglein an der Wand": Geschlecht, Alter und physische Attraktivität. Weinheim: Beltz Psychologie-Verl.-Union.

Henss, R. (1998). Gesicht und Persönlichkeitseindruck (7. Bnd.). Göttingen: Hogrefe-Verlag.

Isbister, K. (2006). Better Game Characters by Design: A psychological approach. San Francisco: Elsevier.

Jäger, S. (2013). Erfolgreiches Charakterdesign für Computer- und Videospiele: Ein medienpsychologischer Ansatz. Wiesbaden: Springer Fachmedien.

Jentsch, E. (1906). Zur Psychologie des Unheimlichen. Verfügbar unter http://publikationen.ub.uni-frankfurt.de/frontdoor/index/index/docId/19552 [30.10.2017]

Julie (2015). Official Character Descriptions of Riley's Emotions. Verfügbar unter http://www.pixarpost.com/2015/03/official-character-descriptions-of.html [08.11.2017]

Klöckner, L. (2015). Disney wagt Wissenschaft. Verfügbar unter http://www.zeit.de/2015/39/alles-steht-kopf-disney-kinderfilm-psychologie [08.11.2017]

Landau, T. (1993). Von Angesicht zu Angesicht: Was Gesichter verraten und was sie verbergen. Heidelberg: Spektrum Akademischer Verlag.

Lauster, P. (1985). Menschenkenntnis. Körpersprache Mimik und Verhalten. Düsseldorf: Econ Taschenbuch Verlag.

Maestri, G. (2006). Digital Character Animation 3. Berkley: New Riders Publishing.

McCloud, S. (2001). Comic richtig lesen: Die unsichtbare Kunst. Hamburg: Carlsen Verlag GmbH.

McCloud, S. (2007). Comics machen: Alles über Comics, Manga und Graphic Novels. Hamburg: Carlsen Verlag GmbH.

Mori, M. (2012.b). The Uncanny Valley: The Original Essay by Masahiro Mori. Verfügbar unter https://spectrum.ieee.org/automaton/robotics/humanoids/the-uncanny-valley [27.10.2017]

Mori, M. (2012.a).「不気味の谷」by 森政弘.. Verfügbar unter http://www.getrobo.com/ [27.10.2017]

Pfeifer, W. (o.J.). Das Wortauskunftssystem zur deutschen Sprache in Geschichte und Gegenwart. Verfügbar unter https://www.dwds.de/wb/Charakter#ot-1 [18.09.2017]

PixarWiki (o.J.). Anton Ego. Verfügbar unter http://pixar.wikia.com/wiki/Anton_Ego [03.11.2017]

Pichler, G. (2012). Computer generiert Durchschnittsgesichter: Forscher stellen Web-Tool für eigene Experimente online. Verfügbar unter https://www.pressetext.com/news/20120330013 [03.10.2017]

Rehm, H. (1994). Schönheit – doch mehr als bloßer Durchschnitt?. Verfügbar unter http://www.spektrum.de/magazin/schoenheit-doch-mehr-als-blosser-durchschnitt/821701 [03.10.2017]

Renz, U. (2006) Schönheit: Eine Wissenschaft für sich. Berlin: Berlin Verlag.

Renz, U. (o.J.). Die soziale Macht der Schönen. Verfügbar unter http://www.schoenheitsformel.de/downloads/Lech_Buchbeitrag_Literatur.pdf

Schell, J. (2008). The Art of Game Design: A Book of Lenses. New York: Elsevier Inc.

Siede, C. (2015). Every female face in recent Disney and Pixar movies looks the same.

Verfügbar unter https://news.avclub.com/every-female-face-in-recent-disney-and-pixar-movies-loo-1798277545

Scholze-Stubenrecht, Dr. W., Pescheck, J., Hoberg, Prof. Dr. R., Hoberg, Dr. U., & Folz, J. (2015). Duden Deutsches Universalwörterbuch: Das umfassende Bedeutungswörterbuch der deutschen Gegenwartssprache (8. erw. Aufl.). Berlin: Bibliographisches Institut GmbH.

Schönhammer, R. (2014). Einführung in die Wahrnehmungspsychologie: Sinne, Körper, Bewegung (2. Aufl.). Wien: Facultas Verlags- und Buchhandlung AG

Schuster, M. (1993). Gesichtsschönheit: Begriffe, Geschichte und Merkmale. In M. Hassebrauck, R. Niketta (Hrsg.), Physische Attraktivität.

Schweinitz, J. (2006). Film und Stereotyp: Eine Herausforderung für das Kino und die Filmtheorie. Berlin, Akademie Verlag.

Seebold, E. (Hrsg.). (2011). Etymologisches Wörterbuch der deutschen Sprache (25. erw. Aufl.). Berlin: Walter de Gruyter GmbH & Co. KG.

TheNamelessDoll (o.J). Elsa. Verfügbar unter http://thenamelessdoll.tumblr.com/post/120383619131/did-elsa-too-3-no-more-baby-face-for-our [03.11.2017]

Tinwell, A. (2015). The Uncanny Valley: In Games & Animation. Boca Raton: CRC Press.

VilliansWikia (o.J.). Chef Skinner. Verfügbar unter http://villains.wikia.com/wiki/Chef_Skinner

Watzlawick, P. (2014). Paul Watzlawick: Paul Watzlawick über menschliche Kommunikation.... Verfügbar unter http://www.paulwatzlawick.de/impressum.html [03.11.2017]

Wendt, M. (2014). Allgemeine Psychologie: Wahrnehmung. Göttingen: Hogrefe Verlag GmbH & Co. KG

Wikipedia (o.J.). Rapunzel – Neu verföhnt. Verfügbar unter https://de.wikipedia.org/wiki/Rapunzel_%E2%80%93_Neu_verf%C3%B6hnt

Wortbedeutung.info (o.J.). Online-Wörterbuch Wortbedeutung.info. Verfügbar unter http://www.wortbedeutung.info/nehmen/ [18.09.2017]